Du même auteur (Amazon 2016)

    Porteuse d'eau : Tome 1 - Psychologies

    Porteuse d'eau : Tome 2 - Dictionnaire

    Porteuse d'eau : Tome 3 - Ancien Testament

    Porteuse d'eau : Tome 4 - Nouveau Testament Partie 1

    Porteuse d'eau : Tome 5 - Nouveau Testament Partie 2

CATHERINE LESTANG

PORTEUSE D'EAU

ÉCRITS
2016-2017

TABLE DES MATIÈRES

INTRODUCTION — 3

CHAPITRE 1   AUTOUR DE LA HONTE ET DE LA CULPABILITÉ
Abords psychologues et spirituels — 13

CHAPITRE 2   AUTOUR DES MOTS : un petit dictionnaire — 38

CHAPITRE 3   AUTOUR DES PERSONNAGES — 151

TABLE DES MATIÈRES DÉTAILLÉE — 195

INTRODUCTION.

J'avais 5 ans et demi, c'était ma première année d'école, qui était la 12 ^{éme}, et j'avais appris à lire - ce qui était le cas je crois de presque toutes les autres filles de ma classe - en 3 mois. La sœur qui s'occupait de nous, Sœur Clémence, une sœur gentille, douce, je dirais adorable, a dit à ma mère une phrase qui m'avait étonnée : « Madame, votre fille vous fera honneur ». Honneur, je me demandais ce que voulait dire ce mot, d'autant que ma mère en avait été très touchée et qu'elle me l'a répété plus d'une fois. Faire honneur à quelqu'un... Manifestement elle était aussi très fière de moi et cela c'était très important.

Faire honneur c'est ce qui s'oppose à faire honte. Perdre son honneur est quelque chose de terrible. Cela se lave dans le sang, dans des guerres qui n'en finissent pas, dans des rancœurs éternelles, dans des vendettas. La honte survient quand l'honneur est perdu. Autrefois on parlait de filles perdues quand elles n'avaient pas su attendre...

Alors oui, faire honneur, être quelqu'un d'honorable, c'est presque un but en soi. Mais que se passe-t-il quand on vous a pris votre honneur (même si vous ne savez pas que ça peut porter ce nom là) quand vous étiez toute petite, parce que vos parents ont abusé de l'enfant que vous étiez ? Est-ce que la honte, c'est de ne pas avoir pu vous défendre, de n'avoir pas osé crier parce que de toutes les manières on vous l'interdisait ? Ou est-ce que ce serait cette différence qui est là, au plus profond de vous, différence qui fait que ce vécu vous a a modifiée, vous fait vivre dans la peur que ça se sache et que ça recommence (et ça a recommencé), mais surtout qui colle sur vous comme une peau, qui ensevelit votre identité et qui fait que vous vous sentez exclue de tout par votre faute, alors que ce n'est pas de votre faute ? Vous vivez dans la honte, et la honte s'attache à vous.

De cette honte vous ne parlez pas, mais elle vous colle à la peau, elle vous empêche de vivre. Vous parlez de culpabilité, sans bien savoir de quoi vous êtes fautive, mais fautive vous l'êtes, vous vous sentez telle dans toutes les fibres de votre être. Et si culpabilité il y a, parce que - comme tout le monde - des fautes vous en commettez, la honte qui est derrière majore encore la culpabilité.

Au fur et à mesure que je rencontre des personnes qui ont un passé « lourd », je remarque que la honte est là en permanence. Alors, dans mes écrits, la réflexion sur la honte sera cette année très présente. Elle sera un peu comme un fil rouge dans ce petit livre qui prend la suite des livres publiés chez Amazon à l'été 2016.

Un grand nombre de textes de ce livre seront consacrés à cette question de la honte, car comme je viens de l'écrire, bien des personnes que je suis amenée à rencontrer dans ce que j'appelle une « relation d'accompagnement ou de cheminement » sont littéralement bouffées par la honte, même si elles disent que c'est de la culpabilité. Bien souvent elles sont persuadées que ce qui leur est arrivé est écrit sur le front, que ça se voit.

Et de fait, quand on est très attentif, parfois ça se voit, parce que ce sont des personnes qui n'osent pas demander, qui ont parfois ces imperceptibles mouvements de balancement que l'on trouve chez les enfants qui sont trop abandonnés à eux-mêmes. Elles ont aussi souvent le besoin d'en faire trop pour les autres, ce qui est certainement un moyen de se prouver qu'on n'est pas si nul que ça, pas si mauvais que ça, bref que malgré cette peau qui vous colle au corps, qui vous lie à un passé dont vous ne voulez pas, il y a quand même moyen d'exister un peu.

Que la honte soit maquillée sous la culpabilité, sous l'expression « c'est de ma faute », cela ne change rien. La honte est là, et de mon point de vue elle est une véritable prison, un véritable filet; en couper les mailles est plus que difficile. Qui peut leur rendre leur honneur, leur honneur perdu, mais surtout leur honneur volé? Il y a dans l'évangile une phrase terrible : *« Ne craignez pas ceux qui peuvent détruire le corps et qui ne peuvent détruire l'âme, mais craignez plutôt celui qui a le pouvoir de détruire l'âme et le corps dans le géhenne »*, car ce que ces personnes ont vécu c'est une tentative de détruire l'âme et le corps, et se remettre de cela quand on continue à vivre un enfer sur la terre est presque de l'ordre de l'impossible.

Je sais que je suis incapable, malgré mon désir et ma bonne volonté, d'aider ces personnes à se libérer de cette fausse peau, de cette enveloppe qui les paralyse. Mais, à mon petit niveau, leur permettre de dissocier honte et culpabilité me semble être un petit pas important, du moins pour moi qui suis à l'extérieur. Je veux dire que leur donner peut-être des moyens pour différencier ce qu'il en est de la honte - cette honte qui parfois était déjà là avant leur naissance, et de la culpabilité, me semble important. Certains des textes ci-après veulent servir à cela; maintenant à chacun d'en faire ce qu'il peut, avec cette manière de voir.

Peut-être que, pour le dire autrement, j'aimerais leur rendre leur honneur, leur fierté. Il est possible que la permanence de la relation - presque quotidienne - que j'entretiens avec certaines d'entre elles puisse un peu participer à cette restauration, mais c'est loin d'être une guérison. Si ces personnes peuvent déjà comprendre que malgré les aléas de la relation (parce que des aléas il y en a), il y a une permanence qui existe et qu'elles valent la peine qu'on ne se détourne pas d'elles au premier coup de griffe, alors peut-être que, le temps aidant, une image d'elles peut se restaurer. Je peux dire que c'est en tous les cas mon désir, avec l'aide de Dieu, parce que ce n'est pas si facile de rester simplement dans la présence.

Par ailleurs j'essaie toujours, quand je rencontre des personnes qui me disent que ce qu'elles ont fait à un moment donné de leur vie provoque encore chez elle une grande culpabilité, voire une véritable honte, de trouver avec elles pourquoi elles ont fait cela, et de comprendre qu'à ce moment là de leur vie, il y avait des circonstances atténuantes, de manière à restaurer leur image narcissique. Cette restauration narcissique, parce qu'elle touche à l'identité profonde, parfois à ce que l'on appelle l'enfant intérieur, est pour moi quelque chose d'indispensable et je suis prête à me battre pour cela.

Quand je dis me battre, je veux dire que je me sens souvent en porte à faux avec la position ecclésiale centrée énormément sur la faute et la culpabilité. Se reconnaître pécheur, c'est une chose : qui ne reconnaît pas qu'il commet des fautes, des erreurs, et parfois sans même s'en rendre compte? Mais passer sa vie en étant mangé par une culpabilité liée à une faute ancienne, qui peut s'expliquer dans un contexte donné, non. Je crois profondément en l'amour de Dieu, et aider les personnes à se dégager d'un Dieu qui juge, qui punit, qui condamne, cela je veux le faire de toutes mes forces. Dieu, comme le dit Marie Balmary, n'est pas un Dieu Ogre ni un Père fouettard. Oui il y a des actes qui ont pu être mauvais, qui ont aujourd'hui des conséquences, mais quand Jésus guérit quelqu'un jamais il ne lui demande ce qu'il a fait… Et j'aime quand le regard porté sur soi devient un peu moins négatif, peut-être parce que c'est une expérience que j'ai faite au cours de ma propre thérapie.

Je crois aussi que le regard que je peux porter sur ces actes du passé qui empoisonnent le présent, sans les juger, car qui suis-je pour juger, et en essayant de comprendre avec la personne quelle pouvait être sa douleur et sa souffrance à ce moment là, peut un peu l'aider à se dégager d'un poids; à couper même le lien qui relie en permanence à ce passé et qui empêche de vivre le présent. Cela permet de se regarder autrement, de se juger autrement, de comprendre ce qui se passait à ce moment là, et à apprendre à faire un peu taire cette instance psychique qui s'appelle le Surmoi, pour qu'elle cesse de critiquer, d'attaquer et de détruire.

Je parle du Surmoi, car beaucoup de personnes qui ont vécu des abus dans leur enfance se reprochent de ne pas avoir su dire non, elles s'en veulent; or un enfant ne peut pas dire non, surtout quand cela vient d'un parent proche qui de plus est dans le chantage affectif. Elles se reprochent leur paralysie, or il leur était impossible de bouger. Faire le mort est un moyen de défense, mais il est coûteux sur le plan psychologique car il est nécessaire de se dissocier pour survivre, pour ne pas être dans le présent. Le Surmoi, lui, va faire croire que l'autre avait raison, que c'est de sa faute, que l'on doit être puni toute sa vie, et que ce que l'on a subi est tellement honteux que d'emblée on est comme banni de la société et qu'on n'a pas le droit d'exister; l'acte subi, cet acte qui fait violence, cet acte dont on n'est pas coupable, engendre une honte dont il est difficile de se sortir.

Mettre des mots, en théorie, cela paraît facile, mais le poids de la honte est tel qu'il fait comme une armure, une carapace; et même si la personne est d'accord, cela ne passe pas une certaine barrière. Les mots, les phrases, oui c'est bien, mais c'est comme si ça glissait sur cette espèce de manteau, de seconde peau que la honte a tissée sur ces personnes et dans lesquelles elles sont comme embaumées avec l'impression de ne pas vivre, mais de survivre; d'être des vivants avec de la mort en soi, et un désir de mort pour que cela cesse, pour que cela finisse; qui pousse souvent à des tentatives de suicide. Je constate petit à petit à quel point la honte est quelque chose dont il est bien difficile de se débarrasser et que c'est bien différent de la culpabilité qui peut se réparer plus facilement.

La honte est donc quelque chose qui colle au corps, qui colle à la peau, qui se confond même avec elle et qu'il est bien difficile de dissoudre. Moi qui fus aussi chimiste, je regrette que « la poudre à dissoudre la honte » n'existe pas. Et pourtant je sais que la rencontre avec l'amour peut être cette goutte qui va commencer à décoller cette dépouille. Sauf que tout changement, même s'il est souhaité ou souhaitable, provoque des résistances.

Je pense que seule l'expérience d'un amour inconditionnel peut casser cette armure, mais encore faut-il pouvoir l'accepter, ce qui est loin d'être évident quand justement on a été trompé par la personne qui aurait dû vous donner cet amour-là. Et seule une expérience de la rencontre dans l'Esprit avec Jésus peut faire cela, du moins c'est ce que je pense; mais parler de Dieu à ces personnes qui ont vécu et qui vivent l'enfer, c'est impossible.... Quand on est confronté au Mal, on ne peut que se taire.

Pourtant je crois profondément que seule la rencontre avec Dieu, la Présence, le Souffle (quel que soit le nom que l'on lui donne, mais pour moi il est le Souffle d'Amour) peut libérer. Il y a eu une expérience de mal, seule une expérience de bien peut réparer, et recréer ce qui a été entravé.

Il me semble que si on lit la Bible et en particulier les évangiles, la question de la honte est sous-jacente, même si on parle de péché. Les guérisons ne permettent elles pas de reprendre sa place dans sa ville, dans sa famille ? Car la maladie, quand elle est vécue comme conséquence d'un péché, engendre une honte qui enlève l'identité. Quand Jésus guérit, il donne aux personnes leur identité de fils ou fille d'Abraham, donc de croyants.

Peut-être peut-on aussi comprendre le moment où Jésus sur la croix se tourne vers sa mère et lui présente Jean comme son fils, certes comme la fondation de l'Eglise, mais aussi comme la manifestation d'un amour de fils envers sa mère: avant de rendre le souffle, Jésus fait ce qu'il faut pour sortir sa mère de la honte sociale, car être la mère d'un condamné à mort, c'est quand même la honte pour toute la famille; alors il lui donne une autre famille, ce qui n'est pas rien.

Peut-être aussi que cette mort infamante sur la croix, mort conforme à ce qui était annoncé par la prophète Isaïe (Isaïe 53) a permis de laver la honte humaine, la honte de la violence, la honte du mal; car la honte ne peut se laver que dans le sang, et le sang répandu ce jour-là rend à l'être humain son honneur et sa dignité.

Je reste persuadée, parce que cela c'est mon expérience, mais elle est singulière, que reconnaître Jésus comme celui qui est présent dans sa vie, reconnaître que son Esprit est à l'œuvre si on le lui demande, donne une identité renouvelée qui permet de sortir de la honte que l'on peut ressentir quand on commet des fautes, des erreurs, des péchés. Car finalement se reconnaître pécheur c'est aussi comme le dit David avoir honte de ne pas avoir été assez fort pour résister.

Mais c'est aussi croire que notre honneur nous a été rendu; à nous ensuite d'accepter le chemin proposé, qui n'est pas si simple.

J'aime écrire, ce doit être mon péché mignon; j'aime transmettre ce qui parfois m'apparait avec clarté, alors que comme on dit « j'ai galéré » pour comprendre, pour que ça prenne sens; et parfois un sens autre que celui que je connais depuis toujours, par exemple pour certaines paraboles.

Les billets de mon blog sont un bon moyen de transmettre, un peu dans le désordre, ce qui a été mon propre chemin au cours de l'année écoulée.

Pour mettre un peu d'ordre, j'ai regroupé ces écrits en trois chapitres.

Le premier est plus spécifiquement lié à des réflexions techniques sur la honte et la culpabilité. J'ai lu différents livres. Celui de Serge Tisseron (La honte - psychanalyse du lien social, Dunod 2015) reste une référence; celui plus récent d'Albert Ciccone (Honte, culpabilité et Traumatisme, Dunod 2015) m'a permis de mieux différencier la honte de la culpabilité mais m'a laissée sur ma faim en ce qui concerne l'impact et le traitement du traumatisme; différents livres de Boris Cyrulnik, ainsi qu'un certain nombre d'ouvrages consacrés aux séquelles des traumatismes graves, publiés sous la direction de Onno Van der Hart. Mais en me centrant un peu sur la Bible, j'espère apporter un autre regard sur ce qu'il en est de la honte et de la culpabilité.

Dans le second chapitre, pour reprendre un peu le tome 3 de la série de livres "Porteuse d'eau" déjà publiés, j'ai regroupé différents billets par ordre alphabétique. Cela devient donc une sorte de dictionnaire. Il y a de nouvelles définitions, des définitions qui conviennent mieux à la psy que je reste; mais aussi qui me permettent d'ouvrir les yeux de mon cœur, et ce n'est pas si simple. J'aime quand je peux trouver des harmoniques entre l'ancien et le nouveau testament, j'aime que ça résonne, même si parfois mon approche peut déranger ou déplacer comme on dit aujourd'hui. Ce chapitre est surtout constitué par mes réflexions sur les versets qui m'ont donné du grain à moudre, comme j'aime dire : comprendre ce que disent les mots ou un mot, réfléchir dessus, le laisser un peu s'enfouir en moi et le laisser prendre son envol. Peut-être que l'on pourrait parler de spiritualité, mais cela me paraît un peu trop fort pour ces réflexions au fil des jours.

Enfin le dernier chapitre, peut-être celui que je préfère, s'intitule « personnages ». Il arrive, cela a toujours été comme cela depuis que j'ai commencé à écrire, que tout à coup je sente ce qui se passe dans un personnage, ce qu'il ressent. J'ai commencé à rédiger à la première personne lorsque je travaillais avec des enfants lourdement handicapés en milieu hospitalier. Je me suis rendue compte qu'en observant, parfois en touchant, en utilisant aussi les apports de la psychanalyse, les soignants pouvaient alors comprendre beaucoup mieux ce qui se passait avec ces enfants différents et les regarder autrement. J'aime quand en moi les mots sont là pour décrire. Je dois dire que j'aime ces moments où cela vient tout seul, où les mots s'enchaînent, où les affects se disent. Je dois dire aussi que pour moi, (parce que souvent ce temps d'écriture suit un temps de prière), c'est comme si l'Esprit soufflait en moi pour donner du corps et de la présence à ce que je lis dans la Bible.

Comme pour les livres précédents, je ne pense pas qu'il faille lire à la suite. Il y a une table récapitulative en fin de livre.

Porteuse d'eau, c'est transmettre... J'aimerais que ce livre puisse être pour mes lecteurs un petit ruisseau qui chante autrement - même si parfois les textes sont un peu ardus; et qui leur donne envie de chanter, à leur manière à eux.

CHAPITRE 1

AUTOUR DE LA HONTE ET DE LA CULPABILITE.

INTRODUCTION

Cette introduction assez spécifique reprend un peu l'introduction générale, mais elle me semble nécessaire pour comprendre l'origine de ces billets.

Bien que retraitée, je travaille par internet avec un certain nombre de personnes que je connais maintenant depuis des années, et qui pour la plupart ont vécu des maltraitances tant physiques que psychiques et psychologiques durant leur enfance et leur adolescence. Je découvre petit à petit les ravages des ces maltraitances. Je ne sais pas si l'on peut guérir de cela, car je dirais que ce qui leur est tombé dessus, car elles n'y sont pour rien, c'est un peu comme si elles avaient été infectées par le virus de la poliomyélite, cette maladie qui a tué tant d'enfants et qui en a laissé tant d'autres infirmes. Bien souvent ces personnes se demandent pourquoi elles ont survécu, pourquoi elles sont là, avec ces séquelles avec lesquelles il faut vivre un jour après l'autre, séquelles qui peuvent se majorer en fonction des aléas de la vie.

Les séquelles pour ces personnes, outre un corps qui est souvent en grande souffrance, ce sont donc des séquelles permanentes qui pourrissent la vie: des flashs, des angoisses insoutenables qui prennent tout le corps et qui donnent envie de mourir, des dissociations qui mettent à distance mais qui coupent de tout, des replis sur soi bien proches de l'autisme, un contrôle incessant et usant de l'environnement, souvent accompagné d'une hyper-activité qui évite de penser; mais aussi une honte permanente avec le désir de disparaître et une très grande culpabilité.

Je dirais aussi que l'image que ces personnes ont d'elles est une image dévastée, abîmée et ce d'autant plus qu'elles n'ont pas été reconnues comme des personnes, mais traitées comme des objets.

Tout enfant ayant besoin de donner un sens à ce qu'il vit, il est évident que pour eux, c'est de leur faute, d'où la culpabilité qui est une montagne avec laquelle ils vivent. Je me rends compte aussi que leur demander de couper les relations familiales qu'elles sont parfois obligées de maintenir avec les parents est très difficile. On ne rompt pas comme cela avec ceux qui malgré tout restent vos parents.

Au fur et à mesure que j'apprends avec ces personnes, qui sont toutes différentes, à essayer de comprendre un tout petit peu, à m'adapter, à ne pas vouloir imposer un savoir, à renoncer même à mon savoir, je me rends compte que culpabilité et honte sont souvent confondues, alors qu'il ne s'agit pas de la même chose. Pour beaucoup d'entre elles, faire des démarches basiques (entrer dans une banque, aller à la mairie) sont très difficiles parce que d'emblée elles se sentent coupables de quelque chose, qu'elles ont honte de demander, honte d'exister.

Il me semble aujourd'hui que le terme de culpabilité est une espèce de mot valise dans lequel s'engouffrent beaucoup de choses; et de mon point de vue la honte, qui est différente de la culpabilité, en fait partie. De nos jours, on est coupable de tout ou presque. Et que ce soit le regard social ou le regard ecclésial, y échapper est très difficile.

Je pense que les cures psychanalytiques, ces cures « rigoureuses » avec une régularité dans le temps, avec un transfert qui se déployait, permettaient de se sortir au moins partiellement de cette culpabilité qui est un véritable fardeau.

Lorsque je rencontre des personnes qui disent aller mal, mon désir - qui est le mien (puisque je reconnais en avoir un) - est dans un premier temps de les aider à sortir de la culpabilité et à restaurer l'image qu'elles ont d'elles (ce qu'on appelle le narcissisme primaire).

J'avais remarqué dans ma pratique hospitalière que quand un enfant vient au monde avec un handicap, ce que ressent la mère ou la famille, ce n'est pas tant de la culpabilité que de la honte. Et cette honte qui fait qu'on n'ose pas montrer cet enfant, pèse lourdement sur l'enfant qui ne peut en comprendre le pourquoi, car la honte finalement touche à la différence. Être la mère d'un enfant qui risque d'être montré du doigt par la société engendre une honte considérable et dire que c'est la « génétique » qui en est responsable ne change pas considérablement les choses, car on s'en veut toujours d'avoir mis au monde un enfant pas comme les autres. La société permet de se sentir moins coupable, "parce que ce n'est pas de votre faute", mais la honte à mon avis demeure quand même.

Par ailleurs, quand je vois le poids de la honte qui pèse sur les personnes qui ont vécu ces maltraitances dans leur enfance, mais qui continuent à « leur pourrir la vie en permanence » dans leur présent, sur leur manière de vivre, dans leurs relations avec les autres, (je pense aux dissociations qui sont des mécanismes de défense, mais qui plombent complètement la vie de tous les jours, aux flashs qui remettent dans le passé, aux troubles de l'alimentation), je me dis qu'une réflexion s'impose, en tous les cas pour moi, surtout pour permettre à ces personnes de ne pas confondre honte et culpabilité.

J'ai donc au cours de cette année écrit pas mal de textes qui traitent de la culpabilité, de la honte. Je les ai regroupés dans ce chapitre, qui ne suit pas un ordre chronologique. Il y aura d'abord des généralités sur ces concepts, puis une recherche plus biblique, et enfin un questionnement sur comment sortir de la honte. Avec certainement beaucoup de répétitions, je m'en excuse auprès de mes lecteurs.

I GÉNÉRALITÉS.

Différents types de honte

De manière simple on pourrait dire qu'il y a plusieurs types de honte.

Il y a la **honte personnelle** : je veux faire quelque chose de bien et je n'y arrive pas (et le regard des autres est là pour se moquer de moi); c'est le cas du petit qui ne veut plus porter de couches et qui se mouille quand même. C'est la honte-échec, et le regard de l'autre est très important. Si le regard de l'autre n'est pas consolateur (tu n'y es pas arrivé, mais tu y arriveras la prochaine fois) un vécu d'échec s'installe et la confiance en soi se perd.

Il y a un autre ennui, c'est que dans une famille, l'échec d'un enfant est parfois l'échec de la famille.

C'est le cas quand un enfant vient au monde avec un handicap, ou quand l'enfant par la suite, ne fait pas honneur à la famille. Cette honte là (pour les psychanalystes, on pourrait parler de narcissisme primaire), façonne un certain type de personnalité, mais quand on quitte le registre de la honte pour aborder celui de la culpabilité, l'enfant se croit responsable d'avoir fait quelque chose de mal, sans savoir ce qu'il a fait et cela peut être très nocif sur son développement.

Il y a la **honte liée à l'autre :** la comparaison entre soi et l'autre, entre un plus faible et un plus fort. Quand le plus fort est vaincu par le plus faible, l'humiliation est insupportable et ne peut se laver que par violence. C'est ce qui se passe entre Caïn et Abel. Caïn pour une fois n'est pas le meilleur et cela lui est tellement insupportable que le seul moyen de laver ce qu'il vit comme un affront est de tuer Abel. Bien sûr, on peut parler de rivalité, d'envie, mais à aucun moment Caïn ne se reconnait coupable et il conteste même la sanction divine qui est l'exclusion du clan et le refus de la terre de lui donner son fruit alors qu'il était agriculteur.

C'est le cas de toutes les guerres. Le vaincu est dans la honte, il est humilié, il a perdu. Le vainqueur en profite, le vaincu devient victime d'humiliations sans nombre, pour qu'il comprenne bien qui est le plus fort. Cette honte là, se lave souvent dans le sang car elle renvoie au déshonneur, mais souvent elle se traduit aussi par une haine ou des haines qui perdurent au-delà des siècles..

Il y a enfin la **honte subie** consécutive à ce que vous a fait subir un autre. C'est la honte dont parlent tous ceux qui ont été en position de victime. Cela renvoie à l'esclavage de toute nature, en particulier sexuel. Normalement c'est celui qui se sert de l'autre qui devrait être porteur de la honte, mais il n'en n'est rien. C'est la victime qui est honteuse, car elle n'a pas pu se défendre, dire non, riposter; elle se vit à juste titre comme salie, bafouée.

Premiers regards sur ces deux mots : honte et culpabilité.

Il me semble que, de nos jours, si à un niveau collectif on peut parler de la honte par exemple en disant que, parce qu'Untel a dit ou fait quelque chose, alors c'est « la honte » pour un certain nombre de personnes, on préfère et de loin remplacer ce mot par culpabilité. Or la culpabilité renvoie à une faute commise contre quelqu'un, elle est donc dans la relation (les psychanalystes parlent de Surmoi); alors que la honte renvoie à une image de soi abimée, et renvoie au Moi Idéal et donc au Narcissisme.

Il me semble que cette confusion est grave. La culpabilité peut être réparée on peut demander pardon, la honte elle se lave, dans le sang bien souvent car elle va avec le déshonneur, l'humiliation. Je pense que bien souvent c'est la honte sous-jacente à la culpabilité (même si la faute est grave) qui pousse au suicide. La honte est à l'origine de ces secrets de famille, de ces vendettas qui se perdent dans la nuit des temps, mais qui restent terriblement actives ; la honte, il faut la masquer, mais il faut aussi la venger. Le déshonneur est insupportable.

La honte

La honte par définition se cache. C'est un peu un tabou. Ces secrets de famille qui empoisonnent tant les relations et même les vies sont bien liées à ce tabou : on ne dit pas ce qui a provoqué la honte, le déshonneur, donc l'exclusion de son groupe social, ou sa place dans sa famille. La honte, il faut la masquer voire l'enterrer. Et pourtant, elle est là, elle stigmatise un individu, une famille, un village, une nation.

La question de la « honte » est une question qui me semble importante, car les personnes que je connais, et qui ont vécu des abus dans leur enfance, parlent certes de culpabilité (c'est de leur faute si telle ou telle chose leur est arrivée parce qu'elles n'ont pas su crier ou se défendre ou dire non, elles l'ont bien cherché); mais surtout, ce sont ces actes mauvais, interdits par la société, qui les ont couvertes de honte, alors que ce devrait être l'auteur de ces actes qui devrait en être couvert.

Or souvent ceux qui font de tels actes hors norme s'en glorifient; ils ne se rendent pas compte du mal qui peut être fait quand on « joue » avec son fils ou avec sa fille et quand on lui demande de se taire. Bien sûr on parle de pardon, de demande de pardon. Mais si demander pardon c'est reconnaître qu'on a fait le mal, est-ce suffisant pour qu'une guérison soit possible? Je n'en suis pas si sûre. Peut-être cependant cela permet-il de quitter la position de victime et de vivre au lieu de survivre; mais je n'en suis pas certaine. Peut-on pardonner à quelqu'un qui vous a détruit en sachant ce qu'il faisait? Même si je transforme un peu la phrase, car je ne sais pas de quel petit il s'agit, mais Jésus a bien dit « *malheur à celui qui scandalise un seul de ces petits. Il vaudrait mieux lui attacher une meule au cou et le jeter dans la mer* » Luc 17, 2 ; il ne parle pas de pardon mais de châtiment.

Mais ce mot de honte ("j'ai honte d'être ce que je suis devenu ou ce qu'on m'a fait devenir") n'est que rarement prononcé, car en lui-même il fait honte. La honte doit être cachée. Pourtant ces personnes portent, sur elles et en elles, cette espèce de peau (un peu comme Peau d'Ane) qu'elles sont seules à voir et à porter, mais qu'elles imaginent être vue par tous ceux qui les croisent. Alors, souvent elles sont voûtées, parfois à la limite de l'obésité, elles n'osent pas poser de questions aux autres, elles n'osent pas demander de renseignements, et elles se cachent. Elles vivent dans la peur (comme Adam dans le livre de la Genèse) que quelque chose ne se voie.

On peut dire que souvent la honte est inculquée à l'enfant avant même qu'il ne sache vraiment parler. il ne doit pas faire honte à sa famille . C'est une phrase qu'il entend quand il est invité avec sa famille à l'extérieur, il doit dire « s'il te plaît », il ne doit pas faire dans sa culotte (enfin avec les couches culottes cela change la donne, mais peut-être pas l'odeur). Ne pas faire honte, c'est montrer que sa famille est une bonne famille, qui l'éduque selon les règles. Il fait donc honneur à sa famille. La honte est aussi un lien social: la honte de l'un atteint en général tous les autres, et elle pousse à se terrer, à se cacher ou à faire semblant.

Il arrive aussi que la honte soit présente chez l'enfant avant même qu'il ne puisse parler: il ne correspond pas à ce qu'on attendait de lui, il n'est pas l'enfant désiré (la fille au lieu de garçon attendu; celui qui ramène le mari infidèle...). Il n'a rien réparé (parfois il doit réparer la mère ou la famille). D'emblée il a failli à ce que l'on attendait de lui, alors il est mal aimé, rejeté. Cela fabriquera ce qu'on appelle un narcissisme primaire de mauvaise qualité qui fera le lit de la culpabilité inconsciente : l'enfant ne comprend pourquoi il n'est pas aimé et s'en attribuera la faute. On parlera de culpabilité alors qu'il s'agit de honte. Les psys savent que dans ce contexte, l'enfant pourra commettre des fautes pour se faire punir puisqu'il se sait être mauvais, pas bon, donc coupable, et que faire des actes qui conduisent à la punition lui permet donner un sens que l'enfant ne peut trouver par lui-même à ce moment de sa vie.

La culpabilité

La culpabilité, du moins telle qu'elle est décrite en général, consiste à faire quelque chose qui va blesser l'autre, qui donc atteint la relation. Le petit enfant, le nourrisson lors de son développement (normal), se rend compte que par son comportement il fait du mal à sa mère (refus de manger par exemple), et comme il aime sa mère, il ne demandera pas pardon, parce qu'il est trop petit pour cela, mais il va soit essayer de réparer, soit de plaire et par exemple de faire des efforts d'autonomie, car il sent que cela fait du « bon » pour sa maman. La culpabilité a donc un versant positif, surtout quand la maman valorise son enfant qui sourit, qui gazouille, qui accepte mieux qu'elle ne soit pas à sa disposition.

Les psychanalystes parlent en fait de deux culpabilités et de deux hontes. Car chacune d'entre elles, suivant ce qu'elle atteint dans l'enfant, donne naissance à des comportements différents. Il y a une culpabilité primaire (l'enfant ne sait pas ce qu'il a fait, mais il l'a fait, et cela touche à l'identité et à la réparation impossible) et une culpabilité secondaire, celle que nous connaissons tous plus ou moins et qui, si elle coupe la relation, peut quand même (le pardon) permettre de rétablir ce qui a été coupé. De même il y a une honte primaire, qui peut être liée à l'histoire de la famille, à la maladie, qui d'emblée ne permet pas à l'enfant d'avoir sa place de sujet, et la honte plus banale liée à ces échecs que nous connaissons tous et qui renvoient à l'analité et au stade phallique.

On peut dire qu'il y a une culpabilité qui permet la créativité, la réparation, la symbolisation, et une culpabilité qui détruit l'être, l'identité, et qui est dangereuse. Il y a une honte qui est liée à certaines expériences et qui permet de grandir (on ne le refera plus jamais, on inventera autre chose), et une honte qui vous stigmatise, vous détruit à tout jamais, vous fait comprendre que vous n'avez aucune valeur, pas le droit à l'existence; qui fait de vous un objet et non un sujet.

Il n'en demeure pas moins que la culpabilité est toujours mise en avant (ne faut-il pas se reconnaître pécheur lors des célébrations liturgiques et demander pardon pour cela), alors que bien souvent en amont de la culpabilité il y a cette honte qui paralyse, qui bloque, qui isole; et la reconnaître c'est aussi reconnaître que Dieu dans sa miséricorde (et là pour moi, ce terme a sa vraie valeur) nous regarde avec amour et nous lave de ce vêtement de deuil.

Quand les personnes que je reçois parfois chez moi, pour les accompagner un peu sur le chemin, me disent qu'elles se sentent coupables, j'essaie maintenant de les aider à dissocier ce qu'il en est de la culpabilité et de la honte. La honte renvoie banalement à ne pas avoir été à la hauteur, ne pas faire honneur, et plus subtilement à se vivre comme un objet de dégoût pour soi-même et pour les autres. La culpabilité fait que l'on se sent fautif, pas bon, mais en relation avec un autre; elle ne casse pas la relation, la honte si.

Que la honte comme la culpabilité puisse permettre, pour lutter contre ces sentiments intérieurs, de se montrer inventif, c'est certain, car sortir du déshonneur pousse souvent à des actes valeureux, mais est ce suffisant ? Sortir de la faute en luttant contre l'agressivité peut permettre de de donner le meilleur de soi. Mais est ce suffisant si on ne retrouve pas la confiance en soi et la confiance en l'autre? Il me semble que seule la confiance faite et donnée permet de sortir de cet enfer.

Ce en quoi (ou en qui) je crois me permet de dire que seule la certitude d'être aimé tel que l'on est, connu tel que l'on est, et de savoir que quoi que l'on fasse, on a de la valeur, permet de sortir de la honte. Et cela c'est le don de l'Esprit. Oui les thérapies sont importantes, mais, à condition qu'elles permettent à la personne de faire cette rencontre avec cette partie qui est en elle, qui est déjà en elle, et qu'il fallait faire éclore.

II HONTE ET CULPABILITÉ DANS LA BIBLE.

Petite recension.

J'ai voulu chercher dans la Bible l'occurrence du mot "honte". Je me suis servie du moteur de recherche de Biblia. Ce mot n'apparaît (mais c'est la traduction de la Bible de Jérusalem) qu'une seule fois dans les évangiles : dans la parabole de l'intendant malhonnête, qui aurait honte de mendier; et là c'est dans un sens très classique : avoir honte de faire quelque chose que l'on considère comme indigne, par exemple mendier, c'est à dire avoir perdu son identité d'homme qui gagne sa vie et qui a sa place dans la société.

On le retrouve chez Paul, chez Pierre, chez Jean, mais au total seulement 14 fois. Et c'est bien souvent dans le sens de ne pas avoir honte d'être chrétien, de ne pas avoir honte du comportement de telle ou telle personne. On retrouve le côté moralisateur : vous ne devez pas nous faire honte, sinon que penserait-on de nous vos évangélisateurs, mais que penserait –on aussi du Christ ?

Dans l'Ancien Testament, on le trouve 4 fois dans le Pentateuque, 19 fois dans les livres historiques (Maccabées, Tobie et Judith inclus), 77 fois chez les grands prophètes, 15 fois chez les petits prophètes, 36 fois dans les psaumes, 4 fois dans les Proverbes, et 15 fois dans l'Ecclésiaste. Ce terme est donc très utilisé par les sapientiaux et par les prophètes, ce qui n'est pas étonnant.

Souvent dans le Premier Testament la honte a une connotation physique : on la voit sur le visage (ne dit-on pas que l'on rougit de honte ou que le corps traduit la honte), mais elle est surtout décrite comme un vêtement qui est collé à l'humain et qui lui donne envie de disparaître et qu'elle est liée au déshonneur. Elle s'oppose de fait à la Gloire de Dieu. Elle peut être provoquée par un mauvais comportement envers Dieu ("nous et nos pères nous sommes détournés de toi, honte soit sur nous" - le livre d'Esdras est assez exemplaire à ce point de vue), ou par un frère : toi mon confident mon ami, pourquoi t'es tu détourné de moi.

Pour le mot culpabilité, peut-être faut-il faire une recherche sur faute, mais je ne l'ai pas faite: dans beaucoup de traductions, faute et péché, et même offense, alternent et cela pose la question de savoir quand une faute devient péché.

Présence de la honte dans le Premier Testament.

Le mot apparaît dès le deuxième chapitre de la Genèse: après la création de la femme, ils étaient nus mais ne ressentaient pas de honte. Une fois le fruit mangé, ils ressentent de la honte. J'ai donc essayé de réfléchir à ces textes (voir chapitre 2) et de proposer une autre lecture que la lecture traditionnelle centrée sur la faute. Quand un petit enfant commet ce que l'on appelle une faute, en général ce n'est pas de la culpabilité qu'il ressent, parce qu'il ne sait pas vraiment qu'il a mal agi, mais de la honte, parce qu'il n'a pas été à la hauteur et parce qu'il a déçu ses parents. Ce qui est manifeste dans le chapitre 3 de la Genèse, c'est qu'Adam a peur de son créateur, c'est qu'il a honte de sa nudité, mais il ne semble pas se rendre compte de sa culpabilité, qu'il rejette d'ailleurs sur la femme, qui elle-même la rejette sur le serpent. Ce que je veux dire, c'est que faute et honte sont intimement liées, mais que si la faute avouée est pardonnée (voir psaume 50), la honte par contre colle à la peau, et qu'il est beaucoup plus difficile de l'évacuer. Seul l'amour inconditionnel de quelqu'un peut redonner l'honneur perdu.

Même si on admet que la Genèse, dans sa version écrite, date peut-être du temps de l'Exil et avait pour but de donner un sens à ce que vivait le peuple de Dieu arraché à sa terre et à ses traditions, il ne faut pas oublier qu'elle s'adressait à un peuple qui vivait dans la honte et l'humiliation.

Être arraché à sa terre fait d'un être humain un déraciné. Lui raconter la création de deux manières différentes peut l'aider à trouver du sens à ce qu'il vit. Que l'écrivain se soit servi de mythes existants, pourquoi pas, mais on peut lire, au travers de la vie d'Adam, l'éveil à la vie, l'éveil à la société. Pour vaincre la honte, on peut être capable de beaucoup de choses, de bonnes choses. Alors peut-être que cette honte ontologique a un aspect bénéfique.

Les petits romans que sont les livres de Judith, d'Esther ou de Tobie nous le font bien comprendre. Quand Daniel écrit: Dn 9, 7-8 "*A toi Seigneur la justice, à nous la honte au visage, comme en ce jour, à nous, gens de Juda, habitants de Jérusalem, tout Israël, proches et lointains, dans tous les pays où tu nous as chassés à cause des infidélités commises à ton égard. Yahvé, à nous la honte au visage, à nos rois, à nos princes, à nos pères, parce que nous avons péché contre toi.*" on voit bien le lien entre péché et honte. Le péché crée de la honte, rend honteux, mais comment sortir de la honte? Dans la Bible, seul Dieu peut le faire en redonnant la victoire, car il montre au monde sa force et sa puissance.

Ces petites réflexions sont développées dans le chapitre suivant, notamment à "H comme Honte".

III RÉFLEXIONS SUR LES NOTIONS DE FAUTE ET DE PÉCHÉ.

Pas capable est-il synonyme de coupable ?

« *La conscience du péché, ce sentiment d'être coupable d'une incapacité à aimer vraiment, est le seuil de tout progrès dans la foi* ». Cette phrase que j'ai lue sous la plume d'un frère dominicain a été un peu comme un déclencheur. Je sais, pour avoir travaillé les théories kleiniennes sur la toute petite enfance, que la culpabilité est source de progrès dans la relation à l'autre, mais est ce que la perception de notre incapacité à aimer est un péché ? N'y a t il pas une confusion entre "pas capable" et "coupable" ? N'y-a-t-il pas trop souvent dans l'église (au sens large) une confusion entre incapacité et péché ? Si on admet que l'incapacité est conséquence du péché des origines, alors oui tout est péché. Mais est ce si simple ?

Ce billet se propose donc de réfléchir sur ce que je pense être une confusion, et surtout être source d'une culpabilisation qui n'a pas sa raison d'être, du moins pour la psychologue que je suis. Il me semble que lorsque Jésus rencontre quelqu'un, il ne lui demande pas quels sont ses péchés, mais ce que cette personne attend de lui, et c'est à cette demande qu'il répond. Alors pourquoi ce besoin de tout centrer sur le péché, et de fait sur la honte et, du coup, de renforcer le sentiment de honte des personnes qui n'arrivent pas à se mouler dans la joie, la paix, les fruits de l'Esprit Saint...

Pour avoir parlé avec un certain nombre de personnes qui ont été humiliées dans leur enfance, déshonorées, et qui vivent avec le sentiment que la honte est inscrite sur elles et en elles (ne dit-on pas que l'on est couvert de honte, comme si celle ci faisait corps avec vous, vous enveloppait dans ses plis), il me paraît important de dissocier honte et culpabilité, et de voir ce que le regard de Jésus peut nous dire aujourd'hui, sans pour autant négliger ce que peut nous apprendre la psychologie, mais aussi l'expérience.

Je cite en entier la phrase mentionnée plus haut, « *Car non seulement la sainteté n'est pas incompatible avec le péché, mais la conscience du péché*, ***ce sentiment d'être coupable d'une incapacité à aimer vraiment,*** *est le seuil de tout progrès dans la foi. Là peut agir le pardon de Dieu. Il vient laver les fautes et purifier le sens d'aimer* », qui a mis si je puis dire le feu aux poudres (ce qui n'est pas nouveau).

Est ce que le sentiment d'être coupable d'une incapacité à aimer vraiment est un péché? Un prêtre que je connais nomme péché pour lui le fait de ne pas se laisser aimer par Dieu, ce qui revient un peu au même mais qui me paraît être un sentiment très subjectif. Mais surtout, est-ce que le fait d'être incapable d'aimer (comme Jésus l'a demandé) doit être reconnu comme une faute, et en sommes-nous coupables? Pour moi, c'est juste reconnaître que je ne peux pas, que je ne sais pas et que cela me pousse à demander de l'aide.

Pour le dire autrement, je suis bien entendu d'accord sur sa conclusion : se rendre compte que l'on n'est pas capable d'aimer comme Jésus nous l'a montré et demandé, est un moteur (de sainteté), mais pourquoi faut-il s'en sentir coupable ? L'idée de faire de la peine à Jésus, qui a donné sa vie pour moi, n'est pas trop motrice pour moi. Par contre, se rendre compte que l'on est peu capable d'aimer vraiment, que l'on est souvent aveugle, sourd à l'autre, cela me permet de demander à Esprit Saint de travailler en moi pour que la cécité s'allège, pour que j'écoute mieux ce que Dieu a envie de me dire, mais je ne me sens pas coupable de cela. En fait, ma joie est justement de laisser agir l'Esprit en moi, me laisser travailler, modeler, un jour après l'autre.

Peut-on ne pas pas pécher ?

En guise d'introduction.

L'oraison du troisième dimanche de Carême dit : « *Tu nous as dit comment guérir du péché, par le jeûne, la prière et le partage. Ecoute l'aveu de notre faiblesse, nous avons conscience de nos fautes ; patiemment relève-nous avec amour* ».

Cette oraison entendue dimanche m'a posé question. Ma réflexion sur le péché n'est pas nouvelle. Parfois, quand au début de la messe on nous demande de nous reconnaître pécheurs, je me dis que nous sommes un peu comme dans un groupe d'Alcooliques et que chacun se reconnaît non seulement alcoolique, mais aussi incapable d'être guéri, c'est à dire que la peur de retomber dans l'addiction reste présente. Pourtant durant tout le temps du carême il est question, comme dans cette oraison, de guérison pour être tout beau tout pur le matin de Pâques.

Cette oraison a été un peu comme un déclencheur. Elle m'a obligée à travailler une fois de plus la notion de péché, à repenser le psaume 50, le « Miserere », et à réfléchir sur les médicaments proposés dans cette oraison pour « guérir » du péché.

Le péché est-il une maladie?

Dans le texte de cette oraison, le péché est comme une maladie, puisqu'on peut en guérir ou du moins c'est ce que Dieu nous aurait dit. Là il est question de jeûne, de prière et de partage, mais ailleurs il est dit "de pratiquer la justice, d'aimer la miséricorde et de marcher humblement avec Dieu" (Michée 6,8), ce que je préfère et de loin.

Une maladie, pardon pour le truisme, c'est quelque chose qu'on attrape ou qu'on se fabrique, mais ça rend malade et quand on est malade on est faible, on a mal, et on est aussi dépendant des autres et bien souvent on reste au fond de son lit car on ne peut plus rien faire de bon.

C'est une situation désagréable. En général on ne demande qu'une chose c'est guérir. Mais une maladie, même si on en sort (ce qui est le cas des maladies banales : grippe, maladies de l'enfance) cela laisse des traces. Il n'y a pas d'innocence biologique. Le corps a une mémoire, il se souvient. Mais la guérison, heureusement ça existe et il y a des médicaments et des soins qui aident.

Quand on sort d'une maladie grave, une de ces maladies qui peuvent faire mourir, il peut y avoir des séquelles qui seront toujours là (je pense à la poliomyélite) et il faut faire avec. Il y a un avant et un après. Certes on est vivant, on est considéré comme guéri mais on doit faire face à des infirmités, et à des changements internes.

Je décris des atteintes somatiques et non des atteintes spirituelles, mais ce qui se passe dans le corps est parfois éclairant pour ce qui se passe dans la tête (ou dans le cœur/ l'âme). Il me semble que la position de l'église serait de dire que l'on vient au monde avec un handicap, qui fait que l'on chope très facilement le virus (ou le bacille) qui s'appelle le péché et qui vient nous attaquer.

Alors peut-on vraiment guérir du péché ? Si le virus attaque sur un terrain déjà fragilisé même si l'on guérit, le terrain lui n'est pas guéri. Alors la guérison, ce serait au niveau du terrain, que cela devrait se passer. La guérison, ce serait avoir de quoi repousser le péché, avoir de bonnes défenses immunitaires... Le terrain parfois il est guéri et cela s'appelle un miracle. Jésus, quand il guérit, chasse le démon (qui est le vecteur du péché si je puis dire), mais aussi le terrain. Pourtant même Lui (Mt 12, 45) dit que le démon est capable de revenir et de tout réinfecter (pour cela il parle de sept démons qui sont plus méchants que le premier et qui viennent réinvestir le terrain dont ils ont été chassés, si le terrain n'est pas entretenu).

Je ne nie absolument pas les miracles qui sont des guérisons totales, mais est ce que l'homme peut guérir de sa condition d'homme ? Si comme on le lit dans le livre des Proverbes (Pr 24,16) : « *sept fois le juste tombe et il se relève* », cela aurait tendance à montrer que l'on ne guérit pas du péché ; on vit avec, on le discerne et on essaie avec l'aide de l'Esprit de lui faire de moins en moins de place.

Donc l'église propose si je puis dire trois médicaments pour ne plus être malade. Mais est-on guéri pour autant ? N'est ce pas presque par définition la condition humaine de devoir lutter contre la violence qui est en elle depuis l'aube des temps pour laisser croître ce qu'il en est de l'humain (qui s'oppose à l'animal) et qui est cet amour que certes nous partageons avec les animaux mais qui chez nous va beaucoup plus loin ? Je suis frappée bien souvent en voyant, dans les séries policières, combien de mères se sacrifient pour leurs enfants, endossent des crimes qu'elles n'ont pas commis.. Dans l'espèce humaine, sacrifice (faire du sacré) et amour se conjuguent en permanence.

Nous vivons une religion où trop souvent la peur quelque part règne en maître. Là encore je pense que c'est ce qui a été vécu des nos origines et que les traces sont ancrées dans notre patrimoine génétique. Celui qui ne se conformait pas aux règles du clan en était exclu et donc condamné à mort, ce qui renvoie à l'abandon (et le petit d'homme s'il n'est pas nourri et soigné par sa mère, ne peut que mourir). Bien des préceptes des livres du Pentateuque vont dans ce sens là. Alors il est plus que possible que cette peur (qui n'est pas une crainte) perdure - malgré tout ce que Jésus a pu dire - d'être détruit par un Dieu (qui lui est bien à notre image), si nous péchons, c'est à dire si nous ne lui obéissons pas.

Le traitement par les trois "médicaments" bibliques.

Le jeûne.

Le jeûne serait, pour moi, accepter de se priver de quelque chose pour faire plus de place à la présence de Dieu. Le jeûne, surtout de nos jours, a une connotation de purification. Il s'agit finalement de se désintoxiquer, de faire sortir de soi - par des privations - des idées ou addictions qui ne sont pas bonnes, parce qu'elles font de nous des dieux. La privation nous ramène en principe à la dépendance (si j'ai faim, je suis un pauvre qui attend le bon plaisir de celui qui a le pouvoir de combler le besoin), et ça on n'aime pas trop. Je pense que peut-être le but du jeûne est de passer du besoin que du coup on crée volontairement, du moins dans notre pays, au désir de la présence de celui qui peut donner, et cela c'est différent. Le côté "souffrance" lié à la privation fait que j'ai du mal à concevoir cela comme un bon médicament. Par contre exercer sa volonté, cela a toujours du bon, à condition de ne pas faire pour faire. Faire de la place à Dieu, c'est certainement un bon médicament. Comment se désintoxiquer de ce qui nous pollue ? Encore faut-il l'identifier. C'est là où l'Esprit saint est un allié de taille. Le jeûne, c'est quelque chose qui se passe au niveau du corps, au niveau de soi. En fait ce que je veux dire, c'est que le médicament en soi, sans autre chose avec pour le faire passer (l'eau vive), ne sert pas à grand chose..

La prière

La prière, bon, cela me paraît normal, parce que c'est se mettre en position à la fois d'écoute et de demande, voire d'intercession. Mais là encore, prier pour prier… Non. Prier c'est se donner du temps, c'est donner du temps au temps sans se décourager, c'est... Mais pour chacun c'est différent. Mais si c'est pour pleurer sur son péché, sur sa faiblesse, je ne sais pas. Pour moi, le temps de la prière c'est un temps où on se laisse modeler, façonner, travailler par Dieu. Cela ne veut pas dire que l'on sente quelque chose, mais c'est du temps pour que l'Autre soit Là, même si on ne le sent pas.

Le partage

Le partage, ce n'est finalement pas si simple. Mais partager c'est peut-être créer du « frère » et ça c'est important. Et plus on crée du frère et plus Dieu est présent; et s'il est présent il peut guérir, parce que nous ne pouvons pas nous guérir tout seul.

Alors ces trois médicaments peuvent-ils guérir ? La réponse serait oui, à condition de les utiliser avec la présence d'un « autre en soi », de le laisser travailler par cet autre, de lui laisser sa place pour que la guérison du terrain se fasse petit à petit et je pense que c'est là où les sacrements, vus comme source, sont nécessaires. Je ne pense pas que "faire" permette de guérir.

L'origine de la maladie: le péché

Maintenant, cette maladie, d'où vient-elle? Il y a des maladies dont on peut guérir, mais on ne retrouve jamais l'état dans lequel on était avant. Et il faut faire avec. Curieusement, je pense que lorsque l'on dit que Dieu pardonne (fait miséricorde puisque c'est le mot à la mode), il est comme un père qui dit, à son fils ou à sa fille, qu'il ne lui tient pas rigueur de la stupidité qu'il ou elle vient de faire, mais qui ne lui donne pas forcément le moyen de ne pas récidiver. Et je crois que la maladie dont nous avons tellement de mal à guérir, c'est bien cela : ne pas recommencer. C'est là où pour moi le sacrement est fondamental parce qu'il nettoie en profondeur, il est cet esprit qui redresse ce qui est courbé, qui reforme ce qui était déformé justement par la maladie.

Dans la Genèse, le mot péché est introduit quand Caïn est furieux contre son frère et se rend peut-être compte que, contrairement à ce qu'il imaginait, être l'aîné ne fait pas de lui le préféré du Seigneur. Le péché est décrit alors comme une espèce d'animal qui essaie d'entrer dans le cœur de l'humain et de le pousser à écouter la violence qui est en lui; et qui le pousse à détruire tout ce qui s'oppose à ce qu'il estime être son droit ou son bon plaisir. La violence, si on admet que l'homme a une longue histoire derrière lui, est inhérente à ce qu'il est, mais l'humanisation consiste justement à ne pas se laisser dominer par l'animal qui est en chacun de nous, pour accéder au divin qui ne demande qu'à se manifester, ou l'humain avec une majuscule.

Dans le livre de l'Exode, les commandements donnés au chapitre 20 montrent les domaines où le risque est élevé. Le péché est alors montré comme une transgression aux commandements divins et le péché contre l'autre devient péché contre Dieu. Et dans la confession, telle qu'elle existe aujourd'hui, il s'agit plus de se reconnaître pécheur contre Dieu que pécheur contre son frère, ce qui me gêne considérablement. On dit que quand Dieu pardonne, lui il oublie. Mais moi, même si je me sais pardonnée, je ne peux pas oublier ce que j'ai pu faire de pas bien et ce qui m'a fait mal. Alors ce n'est pas simple. Et j'ai du mal avec la notion de dette, d'argent. La parabole des deux débiteurs, celui qui doit une somme faramineuse, bien au delà de ce qu'un homme peut devoir, ce qui laisse à penser qu'il ne s'agit pas d'un homme, mais d'une nation entière, et qui réclame ensuite son dû à un autre, finalement ne me parle pas si on reste dans l'individuel. Si Dieu pardonne à son peuple (en envoyant son Fils), et si celui qui est restauré, ayant fait l'expérience de la miséricorde, ne se convertit pas, il est alors normal que la dette soit acquittée

Maintenant l'expérience que je fais de ce sacrement, c'est une expérience de vie. C'est le lieu où l'Esprit Saint vient en moi pour enlever toutes les pollutions de la vie (et Dieu sait que la vie ça pollue), qui vient me « désembouer » comme on enlève la boue des radiateurs, qui vient irriguer la terre sèche que je suis et qui vient me redonner la vie. Mais je crois aussi que si on prend le temps de l'écouter, Dieu souvent permet de guérir du mal subi (je ne parle là que de ce qui est banal). On se sent tellement vite propriétaire de l'autre, que parfois la coupure est la seule solution (cela émonde, mais cela fait croitre).

Pour conclure ces réflexions, je dirai que le péché c'est la nature de l'homme, parce que notre histoire, notre hérédité est comme cela. Je refuse de croire en un Dieu qui serait tellement écœuré par l'homme qu'il le détruirait, mais je crois en un Dieu qui donne à l'homme le ou les moyens de devenir un humain semblable à Lui, c'est à dire capable d'aimer; aimer non pas pour être aimé en retour, mais aimer pour donner la croissance et l'être, un amour de fécondité. C'est le travail de toute une vie et peut-être même de ce qui se passe dans l'Au-delà.

En guise de conclusion.

En permanence des hommes se dressent, que ce soit Moïse, que ce soient les prophètes, certains rois, mais…

Mais seul Jésus pourra, lui le Serviteur, rendre à l'homme sa dignité (le laver de cette honte qu'il porte depuis toujours, même s'il la refuse et la remplace souvent par la culpabilité qui est plus facile à porter que la honte, car par la réparation on peut s'en débarrasser, ou par les sacrifices), mais surtout permettre à Dieu d'être Père de cette humanité qu'il a mis dans le monde.

On peut toutefois remarquer que, déjà, la petite histoire de Job montre que l'humain, même malmené par la vie, peut rester « fidèle » à Dieu, certes discuter, hurler, rugir, mais que de ce dialogue sorte une connaissance qui permet à l'homme d'être en relation « visuelle » avec ce Dieu qui si souvent paraît lointain *(Je te connaissais par ouïe dire, mais maintenant mes yeux t'ont vu* : Jb 42,).

On peut lire, même si ce n'est pas habituel, toute l'histoire du peuple choisi comme ce combat entre Dieu et ces forces qui en permanence veulent mettre son projet pour l'humain à mal. On assiste à des victoires partielles comme avec Job dont je viens de parler, car il ne se détourne pas de ce Dieu qu'il ne comprend pas, de ce Dieu qui semble avoir tout pris, de ce Dieu qui va se révéler comme le tout autre et lui ouvrir les yeux; ou comme durant l'épreuve de l'exil et le retour dans la terre promise. La victoire totale, même si elle est en devenir, est donnée par Jésus. Car là, le mal est vaincu; et en l'homme Jésus, Dieu peut recevoir l'honneur non seulement des hommes mais du ciel, car (pardon pour ce que j'écris) le déshonneur du Père est lavé par le sang du fils et leur Gloire se révèle au monde par le don de l'esprit qui fait de l'homme un homme debout à l'image du fils.

Le comportement de Jésus dans les évangiles est bien de permettre à tous, à tous ces malades qui portent le péché de leurs parents inscrits dans leur chair de sortir de la honte, de se mettre debout et de retrouver leur place dans la société, l'estime des autres et aussi ce changement du cœur que seule la confiance peut donner ou permettre de retrouver. Jésus fait confiance et lui, l'homme qui a vécu la honte de la croix, peut nous en faire sortir par le don de l'Esprit qui régénère.

CHAPITRE 2

AUTOUR DES MOTS

INTRODUCTION

Bien souvent, quand j'entends un texte ou quand je le lis, il y a un mot qui fait accroche en moi. Les billets qui suivent, et que j'ai remis en ordre alphabétique, sont souvent des commentaires de textes, à partir d'un mot mais pas seulement. Il est important de remettre dans son contexte, d'aller voir avant, d'aller voir après. C'est ce que j'aime faire; mais j'aime aussi y insuffler un peu autre chose, ce qui se passe pour moi devant tel ou tel mot, devant tel ou tel verset ou paragraphe. Des interrogations, j'en ai toujours de nouvelles. Parfois je peux y trouver une réponse, parfois pas. Mais c'est cela être vivant.

Au fur et à mesure que se déploie l'année liturgique, même si parfois au fond de moi je me dis « encore du Matthieu, encore de Jean, encore des textes que je connais presque trop », par moment l'inspiration est là, il se fait un renouvellement; et c'est cela que je souhaite faire partager. Très souvent, comme je le décris dans un billet qui « raconte » les disciples d'Emmaüs, c'est le matin, durant le temps que je prends pour moi pour pratiquer la « prière du cœur », que certains versets, en me posant question, prennent un autre sens. Bien entendu, il y a aussi les commentaires entendus lors des célébrations.

Les conclusions que je donne parfois sont des conclusions pour moi, au point où j'en suis ; ce que je veux dire, c'est que contrairement aux homélies, elles ne sont pas là pour donner des conseils, pour se tourner différemment vers Dieu, pour provoquer un changement chez le lecteur. Non, elles disent juste ce qu'il en est pour moi, un jour après l'autre. Mais trouver parfois une image de soi restaurée est peut-être aussi une démarche permanente dans ces commentaires.

Par ailleurs j'aime la Bible, et même si j'en reste aux traductions en français, j'aime que cela puisse chanter, et si cela peut chanter un peu pour mes lecteurs, alors j'en serai heureuse. Ou pour le dire autrement, j'écris ce que je découvre quand un mot me pose question, quand je ne comprends pas un verset. À chacun ensuite d'en faire sa propre cuisine.

Je dois dire aussi que parfois « ça résiste » et qu'il me faut du temps pour que quelque chose s'ouvre en moi. Peut-être que ces relectures pourront permettre à d'autres cette ouverture qui pour moi est signe de la présence de l'Esprit.

J'ai finalement choisi de présenter ces réflexions par ordre alphabétique. Cela ne suit pas du tout le fil de l'année liturgique, mais permet une plus grande liberté : piocher.

A COMME

A comme Aimer

Jn 21,15 « Simon, fils de Jean, m'aimes- tu ? »

Quand on entend ce texte, on se polarise trop souvent sur le chiffre 3, en faisant le parallèle entre le triple reniement de Pierre et le triple pardon de Jésus. Mais l'idée curieuse qui m'est venue, c'est que peut-être c'est Jésus qui demande pardon à Pierre, et ce par trois fois..

Quand quelqu'un me demande si je l'aime, c'est évident que cette personne-là m'aime aussi. Sinon il ne me poserait pas la question.

Alors, on peut penser que ce qui est dit ce jour là, après cette pêche et après ce repas-partage (très eucharistique si l'on peut dire), c'est " *Simon, fils de Jean, Moi je t'aime, et toi est ce que tu m'aimes aussi, autant que moi je t'aime* " ?

Et même si Pierre sait très bien qu'il n'aime pas comme il devrait aimer (et nous en sommes tous là) il peut entendre dans ce "Moi je t'aime" qui n'est pas dit, quelque chose comme, "*Je suis vraiment désolé de ce que je t'ai - Je vous ai - fait vivre. Je comprends que vous ayez eu peur, je comprends que vous ayez été déçus, mais aujourd'hui Je suis là avec vous, pour de bon. Moi aussi J'ai envie d'entendre que tu m'aimes malgré tout ce que tu viens de vivre, malgré la désillusion, malgré les reproches que je vous ai faits après mon retour.*"

Alors pourquoi ne pas entendre dans ce texte quelque chose d'autre: la reconnaissance par Jésus que parfois il nous fait vivre des choses bien difficiles et que si nous ne sommes pas à la hauteur, il ne nous en veut pas.

A comme Annonciations

Je fais référence ici à : Gn 18, (Abraham), Luc 1 (Zacharie), Jg 6,11 (Gédéon) Luc 1, 28 (Marie).

Si je mets Annonciations au pluriel, ce n'est pas une faute d'orthographe, mais parce que des Annonciations, dans la Bible, il y en a un certain nombre, et que parfois faire des parallèles est intéressant.

- Je propose de faire un premier parallèle entre l'annonce faite à Abraham (Gn 18), et l'annonce faite à Zacharie Luc 1 . Dans les deux cas, il s'agit d'un couple stérile, d'un couple âgé. Si Sarah est présente, Elisabeth ne l'est pas. Si un ange se manifeste pour Zacharie, c'est Dieu lui-même qui s'invite chez Abraham et qui parle. Les deux hommes ont du mal à croire, mais Zacharie le prêtre, qui connaît l'histoire de son ancêtre, devrait savoir que "rien n'est impossible à Dieu"; il en perd la voix, et ne la retrouvera en fait que pour annoncer les merveilles de Dieu.

- Le deuxième parallèle, je le ferai entre Gédéon (Jg 6, 11 et suivants) et Marie (Luc 1, 28). L'un comme l'autre vivent dans un pays occupé, et même si on en parle peu dans les évangiles, le nombre de publicains (ces collecteurs d'impôts qui appauvrissent le pays) et de centurions (armée), la présence de Pilate, montrent bien que la vie au quotidien n'est pas si facile. Quand un ange leur apparaît, l'un comme l'autre sont surpris par la salutation, analogue: "Salut à toi vaillant guerrier, le Seigneur est avec toi" (Gédéon) peut être mis en parallèle avec "Salut à toi comblée de grâces, le Seigneur est avec toi".

Que les attitudes de ces deux personnages soient ensuite assez différentes, c'est certain. Gédéon, un peu comme Abraham montre une véritable surprise et conteste un peu, voire beaucoup, ce qui n'est pas le cas de Marie; ce qui montre aussi le travail de purification qui s'est fait au cours des siècles. Mais ce qui me parait important c'est que l'un et l'autre sont choisis par le Seigneur pour apporter le salut au peuple choisi.

- Le troisième parallèle, on pourrait le faire soit entre Marie et Joseph, soit entre Zacharie et Joseph. Et là encore, on voit ce travail que Dieu a conduit au fil des siècles dans ces hommes qu'il a choisi.

Ce qui me semble aussi important, ce sont quelques mots. Dans l'évangile de Luc comme dans celui de Matthieu, il est dit de Marie qu'elle a été accordée en mariage à un homme de la tribu de David. Ce mot "accordée", je l'entends toujours comme un mot de musique. Marie et Joseph sont accordés comme les cordes d'un violon, et c'est eux deux qui chanteront la gloire de Dieu au moment de la naissance de leur fils, avec les Anges et les Bergers.
Il me semble que chaque fois que Dieu choisit un être humain, soit pour se révéler à lui, soit pour le faire participer à son projet, cela peut s'appeler une annonciation; et peut-être que tous, nous en avons une ou plusieurs qui sont en nous et qui nous ont façonnés.

A comme Apocalypse
Ap 21, 1 : Je vis un ciel nouveau et une terre nouvelle

Il s'agit ci-après d'un texte un peu général sur le dernier livre du Nouveau Testament, livre qui reste avec tous ses symboles plus que difficile à lire, enfin pour moi.

Certes il y a des phrases marquantes que je peux citer de mémoire et que j'aime: Ap 2,17 *"Au vainqueur je donnerai un caillou blanc sur lequel sera écrit un nom nouveau"*; Ap 3,20 « *Je me tiens à la porte et je frappe...*"; Ap 21,3 *"Voici la demeure de Dieu parmi les hommes..."*; Ap 21,4 *"J'essuierai toute larme de leurs yeux... Le monde ancien s'en est allé, le monde nouveau est déjà là.."* Sans oublier le texte lu traditionnellement pour le fête de l'Assomption, sur la femme avec son manteau étoilé qui accouche en plein désert (Ap 12), et les cantiques divers qui chantent la gloire de l'Agneau.

Mais s'il y a ces belles phrases, s'il y a ces promesses, il n'en demeure pas moins que ces destructions qui n'en finissent pas, ce démon enchaîné pour 1000 ans sur notre terre, mais qui va revenir, etc., posent quand même pas mal de questions. Pourquoi le démon ne serait-il pas enfermé dans un monde où il ne pourrait plus nuire? Cela m'a fait penser à la lampe d'Aladin avec le génie enfermé et qui peut en sortir si on frotte la lampe. Ce n'est plus "qui nous roulera la pierre", mais "qui fera sortir le démon de son étang de feu"?

Il y a une logique qui est complexe, et même si ce livre a été écrit pour les chrétiens persécutés, pour leur dire que Dieu est avec eux, que le monde méchant sera détruit, la visualisation de ces différentes scènes est plus que difficile.

L'ennui c'est que je suis une visuelle, et voir des vieillards se prosterner, lancer leur couronne (donc la rattraper) et recommencer cette manœuvre, cela me fait rire. Je n'arrive pas à me représenter un agneau immolé (égorgé, donc logiquement avec sa tête qui pendouille) debout devant un trône. Quant aux bêtes, avec leurs cornes et leurs yeux, là, cela devient impossible.

C'est pourtant en essayant de me représenter (dans la mesure de mon possible) le premier verset du chapitre 21: *"puis je vis un ciel nouveau, une terre nouvelle, car le premier ciel et la première terre ont disparu; et de mer il n'y en a plus"* que quelque chose m'est apparu, qui m'a permis d'entrer un peu plus facilement dans cet écrit, qui je le sais a un style codifié, celui des apocalypses. C'est de pouvoir m'imaginer que l'on est au théâtre, et qu'il y a différents actes avec de nombreuses scènes qui se succèdent les unes aux autres, rapidement, trop rapidement, mais qui restent quand même dans la mémoire.

Cette idée de prendre ces textes et donc ces visions de cette manière, comme une succession de scènes qui arrivent au galop, qui font qu'on a à peine le temps de souffler avant qu'un nouveau tableau soit déjà là, me pousse à me poser des questions sur le metteur en scène, et c'est peut-être cela l'important.

Car la mise en scène est quand même extraordinaire. Elle fait froid dans le dos à certains moments; elle montre le mal, elle montre le combat, elle montre la lutte, et elle montre une présence qui planifie, qui coordonne et qui sait ce qu'elle veut.

Et cette mise en scène a son fil rouge: le retour de Jésus. La phrase: " l'Esprit et l'Église crient viens" répond à notre appel, à notre désir, à notre attente: "manifeste toi aujourd'hui, maintenant et demain et montre- nous le Père!"

A comme Appel

Jn 1, 35-39 : Posant son regard sur Jésus qui allait et venait…

Aller et venir, bouger, se déplacer, aller de ville en ville.

On retrouve cette phrase en Jn 10,23 "*Jésus allait et venait dans le Temple*", et aussi en Marc 11, 27. Dans le Temple, c'est l'occasion pour les pharisiens de prendre Jésus en défaut. Dans l'évangile de Jean il y a une menace de mort; dans celui de Marc c'est l'occasion pour Jésus de reparler de Jean le Baptiste, et de demander pourquoi ce prophète n'a pas été entendu. Le « aller et venir » évoque pour moi la liberté de Jésus.

Mais dans ce premier chapitre de l'évangile de Jean, cet "aller et venir" m'a toujours fait penser à une scène d'accouchement.

Je veux dire que pour moi, Jésus, cet homme qui va et qui vient, qui marche de long en large, attend quelque chose. Il n'est pas statique, il marche, il bouge; peut-être est-il impatient, mais il ne dit rien, il attend que le Baptiste prenne l'initiative. Peut-être sait-il que c'est aujourd'hui que son Père va lui donner ceux qui seront le noyau, ceux qui seront ses disciples, ceux qui l'auront reconnu.

Et on va assister à une sorte de passation de témoin: Jean se dessaisit des deux de ses disciples pour les donner à Jésus; il les met en quelque sorte au monde: il les laisse partir, il se sépare d'eux, comme une mère se séparer de l'enfant qui est en elle, pour le mettre au monde, pour le donner au monde.

"***35*** *Le lendemain, Jean se trouvait de nouveau au même endroit avec deux de ses disciples.* ***36*** *Fixant son regard sur Jésus qui marchait, il dit : « Voici l'agneau de Dieu. »* ***37*** *Les deux disciples,* *l'entendant parler ainsi, suivirent Jésus.* **38** *Jésus se retourna et, voyant qu'ils s'étaient mis à le suivre, il leur dit : « Que cherchez-vous ? » Ils répondirent : « Rabbi – ce qui signifie Maître –, où demeures-tu ? »* **39** *Il leur dit : « Venez et vous verrez. »"*

Et c'est ce qui se passe. L'affirmation de Jean, la parole de Jean "*Voici l'Agneau de Dieu*", met quelque chose en route chez les disciples, un peu comme cette petite tape donnée souvent par la maman, au moment où l'enfant est prêt pour marcher seul, lui permet de partir, de lâcher la sécurité de la main maternelle. C'est une phrase d'envoi.

Souvent, quand un enfant apprend à marcher seul, il y a aussi les bras du papa qui sont là pour le recevoir, et là les disciples, sont accueillis par une voix: *Que cherchez-vous*? Et c'est bien-là une question fondamentale, une question d'ouverture. Si ces hommes ont été vers Jean, s'ils sont les disciples de Jean, c'est qu'ils attendent quelque chose, ils attendent quelqu'un. Mais ils savent seulement que ce quelqu'un n'est pas Jean.

A cette question du "que", ils répondent par une autre question, qui est celle du lieu: il ne s'agit pas de savoir réellement où Jésus habite, mais où il demeure, ce qui dans le vocabulaire johannique est différent.

Ce qui est certain c'est qu'ils ont trouvé un lieu qui est pour eux le lieu de leur nouvel enracinement, de leur nouvelle naissance.

Jean les enfante à Jésus qui, lui, les enfante à son Père.

A comme Approcher

*Actes 9, 3 : comme il **approchait** de Damas*

Ce petit morceau de phrase a fait écho en moi ce matin. J'ai tendance à me représenter Saul, sur la route entre Jérusalem et Damas, encore loin de Damas. Mais en fait, puisque ses compagnons le prennent par la main et le conduisent dans la ville, c'est que cela se passe tout près des portes et des murs de la ville.

Que cela ne se soit pas produit près de Jérusalem montre bien que cet homme est choisi pour annoncer la parole hors les murs, et réaliser la prophétie du cantique de Siméon : lumière des nations (Luc 2, 30-32).

Je me suis demandé où ce verbe "approcher" se trouvait ailleurs dans le Nouveau Testament; et aussitôt (comme dirait Marc) j'ai pensé aux disciples qui s'approchent d'Emmaüs (Lc 24,28): là aussi ils sont proches de leur destination, et ce qui va se passer - " leurs yeux s'ouvrirent" - est exactement ce qui va advenir à Paul quand Ananie va lui imposer les mains. Un troisième passage où ce verbe est employé est lorsque Jésus s'approche de Jéricho avant de monter à Jérusalem (Lc 18, 30): là encore des yeux s'ouvrent, puisque c'est la guérison de l'aveugle qui crie et demande sa guérison.

Comparons ce qui se passe dans chaque cas après l'ouverture des yeux. Pour les disciples, ils se lèvent ; retournent à Jérusalem et veulent annoncer que le Seigneur est vraiment ressuscité. Là on est dans la résurrection réalisée et qui prouve la divinité de Jésus et sa filiation. Mais l'important est que l'action suive la foi : les yeux s'ouvrent et il est impossible de garder pour soi cette bonne nouvelle.

Pour Saul, il se lève et est baptisé; il mange, retrouve des forces, reste à Damas avec les disciples et proclame que Jésus est le fils de Dieu. Là on trouve l'annonce de la bonne nouvelle de Paul: ce Jésus dont il fallait se méfier, cet homme qu'il pensait être un imposteur est le fils de Dieu, celui que l'on attendait, celui qui sauve du péché et qui permet que le lien entre Dieu et son peuple soit restauré.

Quant à l'aveugle, il suit Jésus et rend grâce à Dieu, ce qui permet à tous ceux qui sont là, par cette joie communicative, de louer Dieu.

Alors, que dire de ce petit morceau de phrase ? Peut-être, parce qu'il y a très longtemps en arrivant en vue de la cathédrale de Chartres quelque chose m'a saisie, quelque chose que je cherchais et que je nommerais la paix, et que cela m'a déplacée, et que Jésus est vraiment devenu vivant.

Parfois, quand on a l'impression d'être arrivé là où l'on a prévu d'aller ou de se rendre, tout peut encore arriver, du neuf peut advenir. Le vent souffle même aux portes de chez soi, comme il veut et quand il veut. A nous de reconnaître sa voix et de nous laisser déplacer dans nos habitudes.

A comme Ascension

Luc 24, 51 : Or tandis qu'il les bénissait, il se sépara d'eux et fut emporté que ciel
Actes1, 11 Ce Jésus qui a été enlevé au ciel..

Il y a deux ascensions dans Luc, et j'aime bien ces deux regards; j'aime m'essayer à les comparer. Dans les Actes, Jésus est "enlevé au ciel": c'est quelque chose de passif, qui peut évoquer le départ d'Elie, sauf que là, il n'y a pas de char de feu. Jésus a passé 40 jours à "enseigner" un peu en vain ses disciples, puisqu'ils lui demandent quand il va rétablir la royauté en Israël. On a vraiment l'impression que Jésus a de quoi s'arracher les cheveux...Mais Jésus leur parle de la force qui va venir sur eux, et cette même force le fait s'élever et disparaître à leurs yeux. Un peu comme si le Père l'appelait à lui, le faisait disparaître définitivement.

Dans l'évangile, Jésus lève les mains (et non pas les yeux comme dans le repas pascal) et les bénit, c'est à dire que d'une certaine manière il rend Dieu présent. Durant cette bénédiction il se sépare d'eux. Ce terme "se sépare d'eux" est pour moi très important. Il est comme une naissance, comme si Jésus quittait le ventre de l'église qu'il a fondée pour que celle-ci puisse exister. Jésus qui se sépare, qui disparait aux yeux des disciples, c'est un peu comme son Père, qui une fois le travail de la création achevée se repose (et disparait aussi). Bref, j'aime la représentation de ce verbe "il se sépara d'eux", car c'est un verbe actif. Le temps de l'Esprit Saint est arrivé.

B COMME

B comme Baptême

Réflexions sur ce mot.

Le mot baptême renvoie au verbe "être immergé" ou "plongé dans". Si on pense aux personnes qui ont vécu des EMI (expérience de mort imminente), elles sont passées si l'on peut dire par la mort, elles ont vécu une expérience particulière, qui les ont changées profondément. Certes elles retrouvent leur corps, mais même si c'est le même corps qui parfois d'ailleurs a guéri sans que l'on comprenne pourquoi et comment, elles ne sont plus les mêmes.

On pourrait dire que le baptême, chez les chrétiens, ce serait quelque chose de cet ordre, mais sans faire réellement l'expérience de la mort. Il y aurait, par la plongée dans l'eau, la perte de la respiration, la mort d'un certain individu qui reconnaît qu'il y a en lui du mauvais dont il est incapable de se sortir par lui-même et qui le sépare de Dieu, et qui sait qu'en passant par la mort avec Jésus, un autre être va advenir: un être qui a fait cette expérience de la mort pour devenir un vivant. Pour lui permettre d'assumer cette nouvelle personne qui vient de naître, le don de l'Esprit (confirmation) sera là pour lui donner la force, la foi, la sainteté. Je sais que ce que j'écris là est un résumé. Mais ce baptême est quand même centré sur la culpabilité, sur la faute, sur la rupture, sur tout ce qui en soi est mort, pour arriver ensuite à la vie.

Par contre en ce qui concerne le baptême dans l'Esprit, il me semble que la centration est beaucoup plus sur la vie, sur ces charismes qui donnent vie à ceux qui nous entourent, et que même s'il y a immersion, elle est beaucoup plus de l'ordre du bain dans une eau vivifiante, pleine de bonnes choses, qui restaure, qui donne la vie, qui stimule.

Pour moi, si le baptême (sacrement donné dans un cadre ecclésial) est une plongée dans la mort et la résurrection, cet autre baptême n'est pas pour le pardon des péchés: il est participation à la vie qui est en Jésus, vie manifestée déjà pendant sa vie terrestre, mais surtout après sa mort et sa résurrection.

Quand je suis revenue à la foi, ayant travaillé en milieu chirurgical et ayant vu les « trous » et les cicatrices de ces trous, j'ai toujours eu la certitude que quand Thomas a vu les trous dans les mains et dans le côté de Jésus, ce n'est pas quelque chose de sanguinolent qu'il a vu, mais une espèce de tourbillon de lumière, de vie, qui remplissait ces trous. Les trous demeurent, mais ils deviennent habités. Un peu comme si la nuée dont parle l'Ancien Testament, la nuée qui est aussi la gloire de Dieu, était là. Alors, que Thomas ait pu dire « mon Seigneur et mon Dieu » s'explique mieux, en tous les cas pour moi.

Ce que je veux dire, c'est que le baptême dans l'Esprit, c'est être plongé dans cette vie là, c'est aussi accepter de s'y abandonner ce qui n'est pas si facile; mais cela n'a plus rien à voir avec la mort. Que ce baptême puisse aussi, parce qu'il est vie, casser un peu la carapace qui nous enferme, la cécité qui est la nôtre, la surdité qui demeure, c'est certain, mais il est un peu comme cette mer primitive dont parlent certains savants pour expliquer la présence de la vie sur cette terre. Il est signe de la présence de Dieu aujourd'hui, il est signe de l'impalpable et du palpable.

Le baptême dans l'Esprit, c'est pour moi comme un océan de vie, cette mer primitive, pleine d'éclairs, de potentiels, de mouvements mais aussi de calme, de paix, de profondeur, et être plongé dans cet océan, cela transfigure. Il ne s'agit plus de mourir à quelque chose, mais de se laisser empoigner par cet Esprit que Jésus a donné d'abord à ses disciples avec le pouvoir de chasser les démons, de guérir mais aussi d'enseigner, puis sur la croix en le répandant sur le monde, puis à nouveau sur ses apôtres après la résurrection (évangile de Jean) puis à la Pentecôte. Quand cet Esprit est tombé, à la fois sur les apôtres et sur les juifs qui étaient venus célébrer le don de la loi (Pentecôte), pécheurs ou pas, tous ont reçu cet esprit qui fait de nous des vivants et des frères. Et cet esprit, ce souffle, c'est le souffle de création.

Une petite addition : l'église a toujours vu me semble-t-il dans l'eau un symbole de la mort. Mais en même temps c'est la vie, c'est la pluie qui permet à moisson de pousser, c'est la soif qui est étanchée. Alors pas facile.

B comme Bouleversé (ou Troublé)

*Jn 13, 21 « Ayant dit cela, Jésus fut **troublé** intérieurement ».*

La traduction liturgique emploie le mot « bouleversé », qui est peut-être plus fort que « troublé » employé par la B.J ou la TOB. Pourtant la notion de trouble renvoie à quelque chose de soudain, de non prévu, qui vient perturber le calme, un peu comme une pierre qui, en tombant dans de l'eau pure, à la fois crée des rides mais aussi altère la pureté de l'eau s'il y a de la boue dans le fond.

En lisant l'évangile proposé par la liturgie, dans un premier temps ce mot « bouleversé » m'a travaillée, et je me disais que je l'avais entendu il y a peu. Et effectivement on le trouve en Jean 11, lors de la résurrection de Lazare. Quand Jésus rencontre Marie en pleurs, entourée de ses amis qui pleurent aussi, le texte dit : (Jn 11,33) : « *Quand il la vit se lamenter, elle et les Judéens qui l'accompagnaient, Jésus frémit intérieurement et il se troubla* ». Nous qui connaissons le récit, nous savons que si Jésus a attendu la mort de son ami pour venir à Béthanie, c'est qu'il fallait que Lazare soit mort et enterré pour que la résurrection puisse avoir lieu.

Mais pourquoi Jésus est-il bouleversé ? Certes les pleurs de ses amis, la mort de son ami, peuvent y être pour quelque chose; mais surtout il va devoir prendre une décision à la vue de tous les Judéens qui sont proches du Temple, décision qui va conforter les grands-prêtres dans leur résolution de prendre de véritables mesures pour le mettre à mort. Il y a de quoi être bouleversé quand on sait que la décision que l'on prend, même si elle est conforme au dessein de Dieu, va vous conduire à la mort; car Jésus qui pleure avec ceux qui pleurent est bien un homme, et sa propre mort peut l'effrayer. Alors ce bouleversement est en quelque sorte lié à la mort de Lazare, mais aussi à la sienne. Et on peut penser que pour Jésus, il peut y avoir là une tentation importante : ressusciter Lazare c'est se condamner lui-même à mort; ne pas le faire, en rester à la résurrection telle que la décrit Marthe, serait tellement plus simple. Alors ce bouleversement intérieur qui est rapporté peut à la fois renvoyer à la sensibilité de Jésus mais aussi à ce choix qu'il doit faire.

Je pense que pour le second passage où ce mot est employé, il en va de même. Jésus peut-être certes bouleversé par ce qui se passe et va se passer mais aussi par le choix qu'il doit poser. Il y a en lui un combat, une tentation si je puis dire.

Dans les synoptiques, lors de la tentation au désert après le Baptême, il est question du diable qui s'en va, mais qui va revenir. Et dans ces moments qui précèdent ce que nous appelons la Passion, le diable est présent pour Judas, mais aussi pour Jésus.

Si on reprend le chapitre 13 dès le début, quand Jésus affirme être Maitre et Seigneur et quand il demande à ses disciples de l'imiter, il leur rappelle que *le serviteur n'est pas plus grand que le maître ni l'envoyé plus grand que celui qui l'envoie.*

Il est possible que ce soit là un message pour Judas, qui est celui qui « *en mangeant le pain avec lui, a levé contre lui le talon* ». Si Judas indique aux prêtres le lieu où Jésus se cache pour qu'ils puissent l'arrêter (mais il est possible que pour Judas l'arrestation ne soit pas la mise à mort), c'est que son regard sur Jésus a changé. Il le considère peut-être encore comme un maître puisqu'il l'appellera Rabbi au moment de l'arrestation, mais sûrement plus comme le Seigneur. Peut-être que Jésus dit à sa manière à Judas que s'il le livre (mais il fallait bien que quelqu'un le fasse) il risque lui aussi de perdre sa vie, car le serviteur n'est pas plus grand que le maître. Et si Judas s'ôte la vie, c'est peut-être bien parce qu'il croit avoir perdu, avec l'arrestation de Jésus, la vie qui était en lui.

Maintenant, envoyer Judas faire ce qu'il devait faire, c'est bien aussi pour Jésus, comme cela s'était passé devant la sépulture de Lazare, accepter de ne pas reculer, être confronté en un instant avec tout ce qui doit lui advenir. Et il y a de quoi être bouleversé.

Pour en revenir à ce mot qui a fait écho en moi, que ce soit troublé ou bouleversé, il me semble que Jésus a une clairvoyance totale de ce qui va lui arriver, et que l'homme qui est en lui, le serviteur, qui a pourtant désiré cette heure, ressent une certaine peur, ce qui est plus que rassurant pour nous. Quand Jésus ressent ce trouble ou ce bouleversement, c'est qu'il est confronté à ce qu'il doit choisir. Il peut ressentir la tentation de ne pas faire, mais il choisit librement (et c'est ce qui va être développé dans les chapitres suivants) et montre ainsi ce que veut dire pour lui « aimer ».

B comme Buisson

*Ex3, 3 « Le Seigneur l'appela du milieu **du buisson** »*

Je n'avais jamais remarqué qu'il est dit que l'Ange du Seigneur est dans la flamme, et que si ce buisson brûle sans se consumer, c'est parce que Dieu est là. Le feu, la lumière, comme des signes. J'aime ces manifestations de Dieu dans le feu, comme dans le livre des Juges où Manoa voit l'Ange du Seigneur s'élever dans la flamme du feu qui consume le sacrifice préparé.

C COMME

C comme Chercher

Le verbe "chercher", dans l'évangile de Jean : *Jn 1,38, Jn 18, 4, Jn 20, 15 : « que **cherchez** vous, qui **cherchez** vous, qui **cherches**-tu ? »*

Jn 1,18.
Quand les disciples de Jean commencent à s'intéresser à celui qui est l'Agneau de Dieu, ils quittent Jean et suivent Jésus. Du moins ils vont vers lui, mais ils attendent que ce dernier les regarde, tienne compte de leur présence. Ils ne lui tapent pas sur l'épaule, ils attendent.

Jésus se retourne et leur demande "Que cherchez vous"? Curieusement André et son compagnon ne posent pas la question qui doit leur brûler les lèvres, à savoir, es-tu vraiment le Messie, mais posent une question sur le lieu où Jésus demeure. Cette phrase, avec le verbe chercher, clôt aussi plus ou moins l'évangile de Jean, puisque c'est la question qui est posée à Marie-Madeleine par deux fois. Une fois par les anges, une fois par celui qu'elle prend pour le jardinier. Marie répond bien à la question posée: je cherche le corps de mon Seigneur. Et la réponse de Jésus, qui est juste le prénom, lui permet de trouver celui qu'elle cherche. Dans les deux cas, à la question posée, il y a une réponse.

Ce verbe chercher, on le trouve à plusieurs reprises dans cet évangile et la réponse ou les réponses renvoient toujours à la présence de Jésus, quel que soit le mode de sa présence.

Jn 20, 15
On le retrouve bien-sûr après la résurrection, dans le dialogue avec Marie Madeleine? Qui cherches-tu? et la réponse sera "le corps"; et c'est là où quelque chose se passe, car le corps est là, mais il est devenu le corps du Tout Autre; et Marie en est transformée, transfigurée.

Jn 18, 4
Et je voudrais revenir sur un autre "Qui cherchez vous", qui pour moi s'accroche à un souvenir très précis: la voix du Père Jean-Marie Lustiger, au jardin des Oliviers, un soir d'Août 1963, au milieu des torches, dans la nuit. Cette voix un peu rauque, je l'entends chaque vendredi saint, quand on lit la passion selon Saint Jean. La réponse de Jésus, "C'est moi, laissez partir les autres", est l'accomplissement de la phrase: aimez vous les uns les autres comme je vous ai aimés. Et les hommes qui tombent par terre, qui sont comme déstabilisés par cette voix tranquille, sont pour moi le signe de la maîtrise totale de Jésus sur ce qui se passe.

Alors, quand on cherche Jésus, oui on le trouve ou on le retrouve, mais jamais comme on le pense, jamais peut-être comme on le souhaite. Il ne se laisse mettre la main dessus que quand il le veut bien; il se laisse découvrir nouveau, différent, autre à chaque fois. Mais quand on le cherche il se laisse trouver.

C comme Christ Roi
Luc 23, 35-43 : la crucifixion

Cette scène de la crucifixion de Jésus entre les deux « larrons » fait partie de ces scènes presque trop connues, à tel point que le mot larron, qui veut dire malfaiteur, brigand des grands chemins, détrousseur, devient presque un nom propre. Avec deux personnes qui portent le même nom de Larron. Un gentil et un méchant..

Au centre de cette scène, il y a Jésus. Au milieu, comme autrefois la femme adultère était" au milieu d'eux". Avec lui, il y a donc ces deux hommes, qui sont des larrons, (ces brigands dont Jésus parle et qui ont détroussé et battu cet homme qui revenait de Jérusalem, sauvé par un Samaritain), et ils ont été pris et condamnés. Comme le dit le « bon », ils ont commis le mal et c'est normal qu'ils paient. Ils me font un peu penser à la poésie de François Villon "La ballade des pendus". Peut-être que de nos jours ils auraient fait quelques mois de prison, mais en ce temps-là ils servaient aussi d'exemple : la Paix romaine ne pouvait exister que par la peur.

Ces deux hommes, certes, n'ont pas été flagellés comme Jésus, mais souffrent et vont mourir. Comme lui, ils sont là, exposés, nus, face aux quolibets et aux insultes. Ils sont là pour servir d'exemple : voilà ce qui arrive quand on est méchant, malhonnête.

Quand on a mal, on a tendance à en vouloir au monde entier; et à insulter et à en vouloir à tous ceux qui sont autour et qui ne font rien pour vous soulager alors qu'ils le pourraient. Et ça, c'est ce que va faire l'un des deux crucifiés.

Revoyons la scène: il y a la foule, qui se tait, et qui est concentrée uniquement sur Jésus et son échec. Cette foule qui comme le diront les disciples d'Emmaüs vit un écroulement de ses espérances.

Il y a les soldats, qui hélas font leur travail de soldats. Ils donnent ce vin aigre, qui est accomplissement d'un psaume, ils se moquent de lui, ce qui est encore la réalisation du psaume 69 : « *19 Tu connais mon opprobre, ma honte, mon ignominie; Tous mes adversaires sont devant toi. 20 L'opprobre me brise le coeur, et je suis malade; J'attends de la pitié, mais en vain, Des consolateurs, et je n'en trouve aucun. 21 Ils mettent du fiel dans ma nourriture, Et, pour apaiser ma soif, ils m'abreuvent de vinaigre.* ». Les écritures sont accomplies. Et c'est important car Jésus est bien le Messie. Pas le Messie de gloire; le Messie serviteur.

Il y a les prêtres, qui ont obtenu ce qu'ils voulaient : éliminer ce type qui faisait le bazar dans le temple en démolissant les étalages des vendeurs, qui ne respecte pas le sabbat, et surtout qui se prend pour Dieu et qui veut mettre tout le système en pièces.

Et voilà que dans le brouhaha, celui qui sait qu'il a « mal fait » (malfaiteur) s'adresse à l'autre malfrat et lui dit de la fermer, de ne pas aggraver son cas, puis il se tourne vers Jésus.

Et là quelque chose a dû se passer. Je ne peux m'empêcher de penser à la phrase : « *Tous venaient vers lui, parce qu'une force sortait de lui* ». C'est un peu comme si ce voleur avait ressenti la force qui était en Jésus: sa différence. Et il demande de l'aide à cet homme pourtant bien plus en mal en point que lui. Il lui demande d'être après sa mort auprès de cet homme qui n'est pas comme les autres. Bien sûr il reconnaît qu'il n'a pas été un mec génial, mais il ne se repent pas pour autant, c'est juste un constat. C'est sa vie et sa vie va s'achever, mais pourtant cette vie, elle peut continuer si cet homme le désire. Et on pourrait presque dire que la réponse de Jésus, « Aujourd'hui même tu seras dans mon royaume « (je n'aime pas le terme paradis parce qu'on ne sait pas trop quoi mettre derrière), est une phrase de roi, une phrase royale, de celui qui a tout pouvoir.

Et Jésus ainsi n'est plus le roi des juifs comme cela est marqué sur sa croix, mais le roi vainqueur du mal et de la mort, le roi de ceux qui reconnaissent qu'en lui, il y a Dieu.

C comme Choix/Liberté

Le livre des Juges, un questionnement.

En travaillant le livre des Juges, j'ai été interpellée dans le deuxième chapitre par le fait que l'écrivain de ce livre pense que si Dieu a laissé dans la terre promise des peuples qui avaient des croyances différentes, c'était pour mettre Israël à l'épreuve. En d'autres termes: Dieu teste son peuple, comme s'il fallait lui faire passer un examen de passage. Si c'est réussi, Dieu aide, si c'est loupé, Dieu abandonne pour un temps.

Cette représentation d'un Dieu qui teste, je la déteste. Et pourtant elle est présente tant dans des écrits actuels qui parlent des épreuves qui nous tombent dessus comme d'un testing voulu par Dieu pour voir si nous sommes capables de résister à la tentation (tentation de baisser les bras, de nous détourner de lui), mais aussi dans la Bible elle même (que ce soit l'épreuve d'Abraham, l'épreuve de Job, pour ne citer que ces deux là).

C'est souvent comme cela que l'on présente "le sacrifice d'Abraham". Lui ne sait pas qu'il s'agit d'une épreuve, mais nous, les lecteurs, nous le savons, et nous apprenons aussi que Abraham réussit son épreuve comme s'il avait réussi un examen. Il a obéi à un ordre insensé, dans la foi dirait Paul, de sacrifier son fils, son unique. Et c'est au dernier moment que Dieu lui fait comprendre, mais aussi à tout ceux qui viendront après lui, que ce Dieu en qui il a mis sa foi n'est pas comme les dieux des autres peuples, qu'il ne veut pas de sacrifices humains. Certes c'est une explication à visée théologique, mais ce Dieu-là semble avoir en lui quelque chose de pervers, qui est à la limite du supportable.

Petit à petit une autre compréhension s'est faite pour moi; elle est encore à l'état d'ébauche. C'est plus une réflexion biblique que philosophique.

Si on relit le Premier Testament, on voit que l'homme n'a jamais été placé dans des conditions de vie facile. Pour vivre, il doit faire des choix. Le choix, dans la Bible, c'est de tenir compte de la présence d'un Dieu qui est certes exigeant, mais qui veut la vie.

Or pour choisir il faut avoir un certain degré de liberté; ce qui permet de supposer que l'homme a en lui la liberté de choisir entre deux possibles, qui sont soit un possible centré sur lui, sur la jouissance immédiate (la convoitise), soit un possible qui le décentre de lui, qui lui fait tenir compte d'un Autre, que cet Autre soit présent ou absent.

SI je pousse ce raisonnement jusqu'au bout, cela me conduit à dire que quand il y a choix, il y a liberté (sinon ce n'est pas un choix), et que le choix s'exerce entre deux possibles : un défini comme bon et un défini comme mauvais.

Et cela revient à dire que le mal est présent dès l'origine. Ce n'est pas le serpent qui fait entrer le mal dans le monde, le mal est déjà là, puisque Dieu dit à Adam : de cet arbre si tu en manges (si tu le choisis) tu mourras, tu mourras certainement. C'est bien dire que cet arbre est dangereux, mortifère, même s'il peut paraître séduisant (c'est là-dessus que jouera le tentateur). En d'autres termes sur le plan symbolique, les deux arbres du jardin primitif représentent cela. Adam n'a pas choisi le bon, et il était prévenu. Ces deux arbres sont toujours en chacun de nous.. Je pense que si Adam avait choisi l'arbre de la vie, il aurait eu en prime l'arbre de la connaissance car il aurait été capable de réflexion et non de convoitise.

Du coup la question de savoir si Dieu a créé le mal ne se pose plus de la même manière pour moi. A partir du moment où Dieu crée un homme avec la liberté (on pourra revenir là dessus), le mal et le bon coexistent, à l'homme de choisir ce qui va vers la vie, c'est à dire vers son humanisation et non vers la mort, c'est à dire son animalisation. Isaïe ne fait il pas dire à Dieu Is 45, 7 : « je forme la lumière et je crée les ténèbres, je fais le bonheur et je crée le malheur, c'est moi le Seigneur qui fais tout cela ».

Alors parler de l'épreuve en terme de test, je déteste cela. Voir dans l'épreuve la possibilité d'exercer notre liberté dans le choix, cela c'est radicalement différent. Jésus a eu le choix lui aussi et il n'est pas interdit de penser qu'il a peut-être eu envie de jeter l'éponge.. Mais il a choisi d'épouser (au sens fort), de s'accorder (au sens fort aussi) à la présence du Père en lui, pour montrer à l'humanité qu'aimer c'est cela qui humanise et divinise.

L'important étant cette liberté qui est donnée à chacun, et d'apprendre à s'en servir. "La vérité vous rendra libre" dit Jésus (Jn 8,32); et "la vérité, c'est qu'ils te connaissant Toi et ton envoyé".

C comme Colère

*Luc 4,21 « tous furent remplis **de colère** »*

L'évangile de ce dimanche rapporte ce qui se passe dans la synagogue de Nazareth après que Jésus, ayant dit que les prophéties d'Isaïe se réalisent en lui, fait remarquer à ses auditeurs qu'ils ne lui font pas vraiment confiance.

Dimanche dernier le prêtre qui commentait ce texte faisait remarquer que quand on connait quelqu'un, on a tendance à le "fixer" dans une certaine représentation, et qu'il est très difficile de changer son regard.
La fin du texte d'aujourd'hui se termine de la manière suivante:
(Lc 4,29) "*Ils se levèrent, le jetèrent hors de la ville et le menèrent jusqu'à un escarpement de la colline sur laquelle était bâtie leur ville, pour le précipiter en bas. ³⁰Mais lui, passant au milieu d'eux, alla son chemin*".

Je me suis toujours demandée pourquoi leur réaction est aussi brutale - non pas frapper, non pas lapider, mais faire tomber: précipiter dans le vide.

Ce qui est curieux c'est que dans l'évangile de Luc, cet épisode suit presque immédiatement la tentation dans le désert (Lc 4, 1-13) où le diable propose à Jésus "de se jeter d'ici en bas".. Et là c'est ce qui se passe, sauf que Jésus est poussé et qu'il est sauvé.

C'est un peu comme si le diable, pas content de ne pas avoir pu "convaincre Jésus de péché" s'empare de la foule, la pousse à la colère et à la violence.

A croire que ces gens, au début curieux et bien disposés envers l'enfant du pays, deviennent des possédés qui veulent se débarrasser de lui.

Jésus se rend ensuite à Capharnaüm et dans d'autres territoires. Mais si on pense à une certaine structure des écrits lucaniens, c'est ce qui va se passer plus tard à Jérusalem: l'enfant d'Israël va être mis en dehors de la ville pour être précipité dans la mort. Et cette mort permettra l'annonce aux nations païennes.

Si j'en reviens à mon questionnement sur cette réaction, il me semble que pour pousser dehors des hommes qui sont dans un édifice religieux, qui célèbrent le "repos", il doit se passer quelque chose de grave, qui est insupportable pour eux.

Et ce qui est insupportable d'une manière générale pour les juifs, c'est soit que l'on attaque leur foi (ce qui se passera avec Etienne dans les Actes des apôtres), soit qu'on les humilie. Oui, l'humiliation est quelque chose d'insupportable. Il suffit de penser à ce qui se passe parfois dans les stades entre supporters de telle ou telle équipe. Il faut venger l'humiliation.

Qu'est-ce que Jésus a dit pour les mettre dans un état pareil? D'une certaine manière il leur fait comprendre que s'il a pu opérer des guérisons à Capharnaüm, c'est que cette ville est "meilleure" que Nazareth. Or Capharnaüm est quand même une ville portuaire et ces villes là, n'ont pas bonne réputation. Alors oui, c'est humiliant.

C'est humiliant aussi d'entendre dire que vos lépreux et vos veuves ont moins d'importance que les veuves qui vivent dans les pays non juifs et que les lépreux des autres contrées qui viennent se faire guérir par Jésus.
Dire à une ville qu'elle ne vaut rien, qu'elle n'a aucun droit, ce doit être dur à digérer; alors l'offense ça se lave dans le sang.

C'est un peu comme si Jésus leur avait dit: vous me regardez comme le fils du charpentier, vous ne m'acceptez pas dans ma mission, alors que les autres voient en moi Dieu qui œuvre, Dieu qui se manifeste. Vous êtes des aveugles, vous êtes des lépreux. Alors celui qui dit de pareilles insanités, il ne doit pas vivre..

C comme Consécration
La consécration comme la Pâque

Pendant la célébration d'aujourd'hui je pensais à cette dichotomie entre le corps et le sang, entre le pain et le vin.

Comme je l'ai déjà écrit, au Prieuré d'Etiolles les deux temps se suivent sans interruption; mais ce n'est pas le cas ailleurs. Dans ma paroisse, la présentation de l'hostie prend beaucoup de temps et se fait au son des clochettes et du gong. Il en va de même pour le calice. Je dirais que c'est très pompeux, pour que le bon peuple se rende compte de ce qui se passe.

Et j'ai pensé à Abraham, qui en Genèse 15 s'appelle Abram, et qui coupe en deux des animaux (génisse, chèvre, bélier, tourterelle et pigeon) que le Seigneur lui demande de lui offrir. J'ai lu qu'en ces temps anciens certaines alliances se scellaient ainsi: les deux partenaires passaient entre les moitiés des victimes

Au coucher du soleil Abram voit un feu passer entre les moitiés des animaux, et Dieu conclut une alliance avec lui; il lui donne un pays: la terre promise.

Alors je me suis dit que au moment de la consécration, il y a d'un côté le pain et de l'autre le vin qui représentent ce qui va advenir de Jésus au moment de sa mort. Le pain rompu, le corps mort. Le vin versé, le sang offert.

La parole du célébrant, fait en quelque sorte advenir l'Esprit (le feu) qui passe entre ces deux parties mortes pour en faire des parties vivantes.

A chaque consécration, il y a un passage de la Pâque du Seigneur, qui fait passer de la mort à la vie et qui ouvre l'autre terre: le royaume de la fraternité, qui fait passer de l'esclavage à la liberté.

C comme Consolation

Lc 2,25 : « il attendait la Consolation d'Israël »

Dans nos bibles, un certain nombre de mots sont écrits avec des majuscules, il y a par exemple le mot Colère (la colère de Dieu qui est une destruction et une punition); la Vengeance, là encore celle de Dieu, puisque la vengeance est interdite à l'homme; le Péché, lorsqu'il est personnifié et qu'il cherche à posséder l'homme; et ce mot de Consolation, employé par Syméon et rapporté dans l'évangile de Luc (2, 25): « *Or il y avait à Jérusalem un homme du nom de Syméon. Cet homme était juste et pieux, il attendait la Consolation d'Israël et l'Esprit Saint était sur lui* ».

Je dois dire qu'en lisant ce qu'on appelle le Cantique de Syméon, j'y reviendrai, je me demande toujours si Jésus est vraiment la Gloire du peuple d'Israël (la gloire des juifs), mais cela c'est une autre histoire.

Nous avons tendance quand nous lisons ce mot à y mettre de l'affectif, à y voir le petit enfant qui vient après un bobo de faire consoler par sa mère . On a mal, on est triste, alors il y a quelqu'un qui vient nous consoler, nous dire qu'il nous comprend, que nous avons mal et que nous allons ne plus avoir mal; qui essuie nos larmes, qui s'occupe de nos blessures. Souvent c'est notre mère qui nous console.

Parfois aussi, nous associons "consolation" (ces moments où l'on est en phase avec l'Esprit Saint, ces moments de plénitude intérieure) et "désolation" (ces moments de doute, de vide, d'abandon).

Mais je pense que si l'affectif est une approche possible, il en est une autre, qui est d'ailleurs donnée dans la suite du texte: il s'agit de la sortie de l'humiliation, du déshonneur, de la honte. Car si la Consolation attendue est *« cet enfant qui sera la lumière pour éclairer les nations et la gloire de ton peuple Israël »*, c'est bien de cela qu'il s'agit, redonner à la nation occupée la place d'honneur que Dieu a prévu pour elle, la première place, puisque toutes les nations monteront à Jérusalem nous disent le prophète Isaïe et un certain nombre de psaumes.

En d'autres termes, si on lit bien ce qui est annoncé, il s'agit de quelqu'un qui sera illustre (la lumière des nations) et qui permettra à Israël de retrouver une gloire qu'il a peut-être eu du temps du roi Salomon (si on en croit les écrits bibliques mais non les découvertes archéologiques), gloire qu'il a perdue en subissant de nombreuses défaites qui ont conduit à la destruction du temple et à l'exil.

Être la gloire d'Israël, cela peut s'entendre comme faire honneur à sa nation, être celui qui lui rend l'honneur perdu, qui la fait sortir de la honte. Car une nation occupée est une nation qui, même si elle ne vit pas trop mal, est quand même une nation humiliée (l'évangile en rend compte quand il parle des impôts à payer).

Pour étayer cette manière de voir les choses, c'est à dire de ne pas prendre le mot de Consolation uniquement dans un sens affectif, il suffit de relire le deuxième livre du prophète Isaïe (chap. 40), qui commence par ces mots : « *Consolez, consolez mon peuple, dit votre Dieu, 2 Parlez au cœur de Jérusalem, criez lui que son combat est terminé, qu'elle s'est acquittée de sa faute, qu'elle a déjà reçu du Seigneur le double de ce qu'elle méritait pour ses péchés* ».

S'il s'agit d'un combat, cela veut bien dire que de ce combat elle était sortie vaincue, humiliée, et que désormais elle va pouvoir retrouver son honneur et sa gloire. Les textes qui parlent de Jérusalem, vers laquelle montent et monteront tous les peuples de la terre, vont dans ce sens. Jérusalem ne sera plus humiliée, elle sera consolée, elle sera restaurée, et sa restauration montrera la Gloire de son Dieu.

Bien souvent, à la lecture de ces versets, je me dis que si Dieu a donné une telle punition au peuple pour ses infidélités, s'il l'a condamné à l'exil, si le Temple a été détruit et profané, oui, le peuple a bien besoin d'être consolé de toutes ces morts, de tous ces arrachements, de tous ces deuils. Je me dis aussi que si l'on imagine Israël comme un enfant qui vient de subir une punition effroyable, il n'est pas certain qu'il ait envie d'accepter des câlins de ce Dieu qui l'a laissé être bafoué, humilié, exécuté. Ce qu'il attend de son Dieu, c'est de sortir de son humiliation, c'est de retrouver son honneur. Je ne dis pas que la tendresse de Dieu n'existe pas, loin de là, mais la Consolation c'est autre chose. La tendresse de Dieu, Jésus la montre dans la parabole du fils prodigue Luc 15 : le fils retrouve sa place, mais aussi son honneur et cela c'est tout à la gloire du Père.

Quand Jésus parle de l'Esprit qu'il nous donnera après son départ, il le nomme défenseur et consolateur. "Paraclet" (l'avocat) est quand même un terme juridique. Celui qui va défendre les disciples fera que ceux ci ne perdront pas leur honneur, quoi qu'ils aient à subir, et qu'ils seront fortifiés par une présence (et là ce serait la jonction avec l'affectif).

La consolation, Jésus la donnera parfaitement. Il rendra à l'homme (l'Adam de la Genèse), l'honneur qu'il avait perdu en se soumettant à la voix du tentateur, il le sortira de sa honte, et par le don de l'Esprit il permettra à ceux qui sont remplis de sa présence d'accomplir leur humanité au sens plein du mot, donc de devenir des fils de Dieu. Alors, oui, Jésus est bien la Consolation. Il nous permet d'accéder à notre humanité et il fait de nous des vivants. La mort sur la Croix ne devient plus signe d'humiliation et de honte, mais de Glorification.

C comme Coupe.

*Luc 11, 39 Mais le Seigneur lui dit : "Vous, les pharisiens, vous purifiez le dehors de la **coupe** et du plat, et à l'intérieur vous êtes pleins de rapacité et de méchanceté".*

Je me rends compte, en lisant ce verset de l'évangile de ce jour, que je ne l'avais jamais compris. Je voyais toujours les pharisiens en train de laver et de relaver les plats et les coupes, un peu comme les prêtres après la communion nettoient le calice pour qu'il ne reste plus la moindre trace du vin consacré à l'intérieur. Mais en fait là, il ne s'agit pas de laver l'ustensile coupe ou plat pour qu'il soit purifié et puisse servir au repas, selon les normes. Non: Jésus parle du corps, car on vient de lui dire qu'il ne s'est pas lavé les mains et les bras.

Se laver les mains, c'est purifier l'extérieur du corps, mais ce n'est pas cela qui rend l'intérieur du corps (disons l'âme ou le cœur) propre, purifié. Ce qui purifie, dit Jésus dans la suite du texte, c'est l'aumône, c'est à dire tenir compte des besoins des frères.

Il me semble que le but de ces ablutions était de faire passer du profane au sacré, de laisser le dehors pour aller vers un dedans où Dieu est présent. Et le repas, quand il est partagé et est référencé à Dieu, peut devenir sacré. D'ailleurs Jésus avant de manger, lève les yeux, et bénit Dieu. Et le repas est d'abord partage, et non pas respect des bonnes manières.

Or le risque d'en rester au rituel demeure toujours. On peut faire des choses par habitude, parce qu'il faut les faire, mais elles sont vides de sens. J'irai même jusqu'à dire que participer aux sacrements peut donner bonne conscience (oui je sais qu'il y a une grâce agissante qui permet de dépasser cela), mais si on va demander le sacrement de réconciliation pour être en "règle", il y a quelque chose qui ne va pas.

Puis autre chose m'est apparu en pensant à ce rituel de purification. J'ai pensé au lavement des pieds du chapitre 13 de l'évangile de Jean. Certes, Jésus utilise de l'eau pour laver et purifier parce que c'est ce terme qui est retenu "Purs vous l'êtes tous, sauf.." Mais cette eau n'est-elle pas déjà (en puissance et par anticipation) le sang de l'agneau offert? Sang qui rétablit la relation avec Dieu ?

C comme Croix

Marc 8,35 : *En ce temps là, Jésus fit venir la foule avec ses disciples et il leur dit : « Si quelqu'un veut venir à ma suite, qu'il renonce à lui-même et prenne **sa croix**, et qu'il me suive. ».*

Il semble donc quand on lit ce verset que la condition ou plutôt les conditions pour suivre Jésus sont de se renoncer à soi-même (se renier dans d'autres traductions), et de porter sa croix. Ces deux choses étant faites, alors on pourra suivre Jésus. Le moins que l'on puisse dire, c'est que c'est difficile. Renoncer à soi-même peut s'entendre comme ne pas se laisser conduire par son ego, mais ce n'est pas simple. Cependant cela est cohérent avec la suite du texte: *celui qui veut gagner sa vie (faire de lui le centre du monde) la perdra.*

Mon questionnement a été, du moins dans un premier temps, de me demander ce que, du temps de Jésus, la foule et les disciples mettaient sous le mot croix. Quand dans les paragraphes précédents Jésus (Mc 8, 31) commence à expliquer à ses apôtres ce qui va se passer pour lui dans le futur, il parle de mort, mais pas de la croix. La croix était un supplice réservé aux malfaiteurs. Dans notre culture, nous avons eu longtemps la potence qui avait le même rôle. Ne dit-on pas de certaines personnes qu'elles sont des gibiers de potence ? Alors est ce que la croix est un équivalent de la potence ? Porter sa croix, c'est porter son péché, mais c'est aussi porter sa mort. Porter sa croix, est-ce que cela pourrait vouloir dire que si on se reconnait comme pécheur, alors on sera sauvé (délivré d'une certaine mort) ?

Est ce que suivre Jésus, c'est se reconnaître "gibier de potence" (même si ce n'est pas très valorisant et si c'est même très violent pour son petit ego-narcissisme-)? Est ce que c'est comprendre que si on fait cela, alors on peut le suivre et devenir un vivant?

J'ai toujours fait un parallèle entre « prendre sa croix » qui est actif (et il ne s'agit que de la sienne propre, ce qui est important), et les guérisons des deux paralytiques où Jésus leur dit de " prendre leur civière ", c'est-à-dire le lieu où ils ont vécu, où ils ont été étendus, et qui ne leur sert plus à rien; c'est comme une manifestation de leur résurrection : eux qui étaient couchés sont désormais des hommes debout, des marcheurs, comme Jésus qui est lui même un sacré marcheur. Alors prendre sa croix, cela pourrait être quelque chose comme prendre avec nous, pour les montrer aux autres, ces lieux où nous sommes un peu morts. Au lieu de rester couchés sur eux, de faire comme un avec eux, pouvoir se dire que le fils de l'homme nous met debout, qu'Il fait de nous des vivants avec Lui. Et même si ce qui fait mal est encore présent, l'esclavage de ce mal est terminé.

n d'autres termes porter sa croix ce pourrait être : afficher à la face du monde que l'on a été un condamné à mort, que l'on a été un malade, et que l'on est guéri.

Mais, si je reste fidèle à moi-même, je n'aime pas trop la contrition (passer son temps à se sentir incapable de faire du bon?) Pour moi, il y a de l'actif à porter cette croix, quelle qu'elle soit. Alors les épreuves qui nous tombent dessus, ces trucs qui nous font mal, que nous n'avons pas choisis, il est de notre pouvoir (avec l'Esprit Saint) d'en faire autre chose, de ne pas nous laisser écraser par elles, de les transmuter en vie. Mais cela, c'est bien parce que par cette croix Jésus a pu donner l'Esprit à tous les hommes que cette transmutation est possible.

La croix est un espace qui nous est donné pour que quelque chose mue en nous, pour qu'une peau tombe, et pour que ce que nous sommes apparaisse peu à peu. Muer ce n'est pas facile, on est très fragile pendant ce temps là, surtout quand la mue atteint les yeux. Mais pour moi suivre Jésus c'est cela. Accepter de laisser tomber sa peau c'est renoncer à soi-même, c'est prendre ce temps de souffrance comme un temps de renaissance, et c'est faire confiance en la Vie donnée par le Vivant.

Ou, pour le dire autrement, il y a deux manières de "prendre ou de porter sa croix".

En premier, il y a la dimension de se reconnaître pécheur. Suivre Jésus, c'est se reconnaître gibier de potence (même si ce n'est pas très valorisant et si c'est même très violent pour son petit ego-narcissisme), c'est savoir que le suivre, rester avec lui, près de lui, donne la vie. En d'autres termes porter sa croix ce pourrait être : afficher à la face du monde que l'on est un condamné à mort, qu'on est un méchant, un mauvais, mais que suivre Jésus permet d'être sauvé de sortir de cette condition.

Alors porter sa croix, est-ce que cela pourrait vouloir dire que je reconnais que je m'occupe plus de moi que des mes frères, que je reconnais que je ne mérite (enfin je n'aime pas ce mot) pas de vivre, mais que si je décide de marcher derrière toi Jésus, à ta suite, alors je serais dans la vie. Cette manière de voir serait assez cohérente avec la finale de l'évangile de Luc, qui est centrée sur la conversion qui conduit au pardon des péchés. Lc 24,47 « *et on prêchera en son nom la conversion et le pardon des péchés à toutes les nations, à commencer par Jérusalem* ».

Et en deuxième, et c'est l'important pour moi, il y a porter sa croix comme un chemin de transformation. Cela veut dire qu'on ne prend pas cela comme une punition, mais comme une manière de changer son regard sur soi et sur l'autre. Je ne dis pas que c'est facile, car la douleur, la souffrance l'injustice sont réelles, mais avec la force de l'Esprit un changement de regard est toujours possible et permet de ne pas tomber dans l'amertume ou la rumination.

Un additif : quand Jésus nous dit que pour être ses disciples il faut se renier soi-même et prendre sa croix, je crois que prendre sa croix, cela veut dire venir tel que l'on est, avec tout ce qu'on porte, ne pas chercher à s'en débarrasser avant de venir à lui, venir tel que l'on est. Simplement lui donner à lui la place qui est la sienne, et le reste suivra. Il n'est pas venu pour les bien portants mais les malades: alors ne pas se dire qu'il faut d'abord « se guérir » pour le suivre . Ce n'est pas comme cela que ça fonctionne.

C comme Croix

*Luc 9, 23 : se charger de **sa croix***

Dans l'évangile proposé aujourd'hui (11 février 2016), qui est coupé un peu bizarrement, il y a deux parties.

Dans la première partie du texte, Jésus s'adresse aux apôtres. Dans les versets précédents (qui manquent pour la compréhension) Pierre a reconnu Jésus comme le "Messie", et Jésus a cassé la représentation du Roi-Messie et sauveur pour annoncer sa mort: il sera rejeté par ceux qui dans le peuple juif représentent le religieux. Souffrir, être rejeté, être tué et ressusciter. 4 verbes qui d'une certaine manière seront son chemin mais aussi le chemin à suivre.

Dans la seconde partie, Jésus s'adresse à la foule, et c'est là qu'il parle de "porter sa croix". Il y a 3 verbes: renoncer à soi-même (se renier), prendre la croix, et suivre. Cela c'est le chemin de la foule. On a des verbes actifs alors que dans la première partie les verbes sont plus des passifs.

C'est sur le mot croix que je me suis interrogée ce matin. Si pour nous ce mot a une signification bien particulière - porter ce qui est difficile, porter ce qui fait mal, porter éventuellement un peu celle des autres (les aider) -, je pense que du temps de Jésus il n'en allait pas ainsi. Qu'est ce que ce mot pouvait représenter pour la foule?

La mort sur la croix est un supplice romain, et l'occupation romaine était relativement récente. Ceux qui finissaient sur la croix étaient des hors-la-loi, des vauriens, des brigands, des voleurs. Alors je crois que quand Jésus dit "porter sa croix" il dit: reconnaissez que vous êtes mauvais, que vous êtes pécheurs. Quand il dit cela, il reprend ce que Jean le Baptiste disait avant lui, et que Lui dit aussi: reconnaissez que vous devez changer, changer de conduite; convertissez vous.

Car se "renier soi même" c'est aussi cela se convertir.

Enfin le troisième terme, "suivre", nous invite à reconnaître que seul c'est impossible; mais en suivant Jésus, alors la conversion devient possible.

Il me semble donc que quand Jésus parle de croix, Il nous clame haut et fort que nous avons besoin de Lui: pour voir ce qui ne va pas, mais aussi pour en sortir, c'est à dire se convertir et le suivre.

Alors en ce début de chemin qui va vers Pâques, peut être faut il entendre dans ce petit texte un appel, un appel à sortir de nos certitudes, à les regarder autrement, à accepter de changer et de nous laisser changer.

N.B. Je viens de lire un commentaire qui dit (ce qui est traditionnel) que porter sa croix c'est ne pas éviter la souffrance.. Mon propos est de dire que porter sa croix chaque jour, c'est chaque jour se reconnaitre pécheur et ce n'est pas si simple. Je crois que seuls les saints y arrivent...La croix, ce n'est pas la souffrance de la vie, les malheurs; c'est cela, mais pas que cela. Et le dolorisme non merci. Peut-être que porter sa croix c'est aussi suivre Jésus tel que l'on est, sans vouloir être « pur ». On vient avec ce que l'on est.

D COMME

D comme Dette

Mt 18,23 *"C'est pourquoi il en va du règne des cieux comme d'un roi qui voulait faire rendre compte à ses serviteurs. 24 Quand il commença à le faire, on lui en amena un qui devait dix mille talents. 25 Comme il n'avait pas de quoi payer, son maître ordonna qu'on le vende, lui, sa femme, ses enfants et tout ce qu'il avait, afin de payer **sa dette**".*

Je cite juste le début du texte. Jésus veut fait comprendre à ses disciples qu'ils doivent pardonner, et pardonner encore. Mais je ne trouve pas cette parabole très limpide, car comment un homme pourrait-il avoir accumulé une dette pareille? Cela parait plus qu'invraisemblable.

Mais si au lieu de voir dans ce premier serviteur un homme unique, on voit le peuple choisi, qui est en dette envers son Dieu, alors on voit un Roi, Dieu, qui au lieu de détruire son peuple, efface la dette. Et cela c'est magnifique.

Mais le peuple oublie et oublie encore le cadeau et veut accumuler encore plus et refuse de faire miséricorde à son prochain; et alors là il perd tout.

D comme DIEU

Pourquoi lire le Premier Testament ? Que peut-il nous dire sur Dieu ?

Depuis plusieurs mois, nous lisons en groupe le livre de la Genèse. Comme chacun le sait, c'est le premier des livres de cette bibliothèque qu'est la Bible, mais c'est - et de loin - un des plus compliqués et des moins faciles à comprendre.

Une fois passé les onze premiers chapitres, que l'on nomme souvent les mythes fondateurs, chapitres sur lesquels on a tellement écrit, on rentre dans quelque chose qui est plus une histoire: histoire d'Abraham, histoire d'Isaac, histoire de Jacob, histoire de Joseph..

Et là se pose une question, plusieurs fois formulée par un des membres de notre groupe: qu'est ce que ces écrits aujourd'hui nous disent sur Dieu? Est-ce que nous n'avons pas l'impression d'un Dieu qui, sans que l'on sache trop pourquoi, choisit le plus faible, le moins costaud, le plus rusé au détriment de l'aîné, du plus fort? Pourquoi ne permet-il pas à la femme aimée d'avoir des enfants? Pourquoi ces hommes choisis se montrent parfois si faibles, si retors, si méchants, si injustes? Est ce qu'ils sont des pions, choisis par lui pour s'établir un jour sur une terre déjà occupée? Et aujourd'hui, qu'en est-il pour nous? Quel est ce Dieu qui se montre dans le Premier Testament?

Bien sûr il y a des réponses "savantes " à ces questions. On peut lire les écrits du Père Beauchamp, ceux d'André Wénin, mais aussi de Marie Balmary et d'autres auteurs: tous, d'une manière ou d'une autre, parlent du désir de Dieu de diviniser l'humain, de ne pas laisser la violence prendre le dessus. Sauf que ce qu'on lit dans la Bible - et c'est certainement une de ses qualités de ne pas l'avoir voilé - c'est le mal, la méchanceté, la mises à mort de populations entières à la demande du Seigneur lors de la conquête de la terre promise; on est confronté à une violence énorme, à de la mort au moins autant qu'à de la vie, et à beaucoup de haine. Les conquêtes ne se passent jamais paisiblement. Les royautés se font et se défont dans la violence et dans le meurtre. Les guerres sont là, avec là encore la mort, les déportations, les humiliations. Alors, qui est ce Dieu? Parfois j'ai envie de dire comme dans le Petit Prince: "Quel drôle de Dieu...".

La réponse non savante qui m'est apparue ce matin, et qui est donnée dans le prologue de Jean, c'est que le Dieu de la Bible est un Dieu qui parle; qui parle de différentes manières, mais qui parle. Et c'est bien la relation à la parole qui permet au petit d'homme, à l'infans (celui qui n'a pas de parole, qui est parlé par l'autre), d'accéder au langage, de devenir un parle-être et de pouvoir entrer dans le symbolique.

Un Dieu qui parle, même si souvent on ne comprend pas ce qu'Il attend, mais qu'on le découvre au fil des ans ou des siècles, est un Dieu qui façonne l'homme, mais qui d'une certaine manière se laisse aussi façonner par lui, parce que la paternité ne s'apprend que lorsqu'on a un fils et des enfants.

Alors je pense que la caractéristique de ce Dieu, c'est la parole: "Au commencement était le Verbe, et le Verbe était Dieu"; et c'est, ou ce sont ces paroles, qui se disent aujourd'hui - autrement mais aussi pareillement - qui permettent à l'homme de sortir de l'animalité pour aller vers un ailleurs qui lui permet d'advenir à ce qui est son chemin, même si cela n'est pas encore visible, compte tenu des événements qui se vivent sur notre terre.

E COMME

E comme Enlevé
*Luc 10, 42 Elle a choisi la meilleure part, elle ne lui sera pas **enlevée***

Luc nous rapporte que Marie, la sœur de Marthe, « a choisi la meilleure part, qui ne lui sera pas enlevée ». Si on se remémore la scène, on sait que Jésus s'est invité dans la maison de Marthe, que celle ci s'affaire à la préparation du repas, et que Marie, sa sœur, reste paisible aux pieds de Jésus et l'écoute. Jésus dit que cette place ne lui sera pas enlevée - dans l'ici et maintenant de ce repas qui se prépare. Mais pourtant cette place lui a été ravie, enlevée: n'a-t-elle pas perdu son Seigneur le jour de la mort de celui-ci et plus encore en découvrant que son corps avait disparu ? On peut dire que certes à ce moment-là, Marie avait choisi en étant aux pieds de Jésus une certaine place, la meilleure place, et que cette place a été temporaire, le temps de la préparation d'un repas. Par la suite, ce contact, ce corps à corps avec son Seigneur il lui a été arraché, volé, pris. De cette perte, elle ne se remet que lorsque Jésus se manifeste à elle en l'appelant par son prénom et lui donne une mission : aller annoncer qu'il est vivant. Au lieu de la place contemplative (ou passive) qui semblait être la sienne, elle prend alors une place active, comme si l'un et l'autre étaient complémentaires et nécessaires.

Ce terme: « enlevé », ou « ôté » dans certaines traductions, a fait écho en moi, et j'ai voulu le retrouver dans les différents évangiles, car un même mot peut avoir plusieurs sens.

- On le retrouve dans les synoptiques quand les disciples des pharisiens reprochent à Jésus de ne pas imposer de jeûnes à ses disciples, par exemple en Mt 9, 15 : « *Les compagnons de l'époux peuvent-ils mener le deuil tant que l'époux est avec eux ? Mais viendront des jours où l'époux leur **sera enlevé**; alors ils jeûneront* ». Ici 'enlevé' s'entend dans le sens de parti, absent, disparu. Jésus annonce qu'il ne demeurera pas toujours là. Il prend à son compte le terme d'époux, mot par lequel Jean le Baptiste l'avait désigné, mais il me semble qu'il se situe surtout comme Dieu présent dans son peuple. Les disciples sont les compagnons que l'époux, qui attend sa fiancée (et l'on peut penser aux textes des prophètes, Amos en particulier), mais la fiancée, c'est la croix, c'est la victoire apparente du mal, c'est la mort, la peine, la tristesse; et cela ne peut pas être compris à ce moment de la vie publique. Jésus ressuscité n'a plus rien à voir (ou peu à voir) avec, si je puis dire, « leur » Jésus de la vie publique. Et peut-être que cette relation-là leur manquera.

Une certaine représentation imaginaire de Jésus leur sera enlevée, ce jour là ils seront dans la peine et dans le deuil mais une autre image la remplacera quand le temps de l'Esprit sera advenu. "Enlevé" ici revoie au départ, à l'absence, autant qu'à la mort.

- C'est dans le même sens qu'on retrouve ce mot chez Luc au moment de l'Ascension, Lc 24, 51 : « *Pendant qu'il les bénissait, il se sépara d'eux et **fut enlevé** au ciel* » Il est question de disparition de celui qui était déjà présent sous une forme autre.

- Ce mot se trouve ailleurs dans un sens beaucoup plus terre à terre, dans le sens de prendre: « *à celui qui n'a pas, **on enlèvera** même ce qu'il a* » Mc 4,25.

- Il peut enfin avoir le sens de voler Lc 11,52 « *Malheur à vous les légistes, parce que vous **avez enlevé** la clé de la science !* » Mais aussi le même sens quand Marie-Madeleine dans l'évangile de Jean se plaint **qu'on ait enlevé** le corps du Jésus. Là il y a perte, il y a vol.

L'inverse d'enlevé pourrait être gardé, retenu, possédé. Seulement voilà, Jésus on ne le garde pas, on ne le retient pas, on ne le possède pas... Et c'est bien ce qui sera signifié à Marie lors de sa rencontre avec celui qu'elle prend pour le jardinier : « ne me retiens pas »..

Alors oui, Marie a eu une place « bonne », cette place elle a dû la laisser, l'abandonner pour en découvrir une autre, et cela c'est un chemin que nous avons tous à faire. Les temps de béatitude avec le Seigneur, je pense que nous en avons tous connu, ne durent parfois que l'espace d'un instant, même si c'est un instant d'éternité; mais ils sont dans le temps, ils passent. Il en reste le souvenir, ces cailloux de joie qu'il faut déterrer quand on a l'impression d'avoir perdu la saveur de la présence, cette meilleure part que nous pensions être la nôtre...

E comme Esprit

Jn 3,34 « Celui que Dieu a envoyé dit les paroles de Dieu, car Dieu lui a donné **l'Espri**t sans mesure. »

Dans le chapitre 3 de l'évangile de Jean, la première partie rapporte le dialogue entre Jésus et Nicodème, et se termine par *"Celui qui fait la vérité vient à la lumière, pour qu'il soit manifeste que ses œuvres ont été accomplies en union avec Dieu"*. Il me semble qu'ici Jésus parle de lui; il s'affirme comme celui qui accomplit en union avec son Père. Il y a une sorte d'unicité entre les deux, ce qui ne peut pas passer pour les juifs et conduira Jésus à la mort.

La seconde partie est un témoignage du Baptiste sur Jésus, qui se réjouit de la présence de celui qu'il appelle l'Epoux, même s'il risque de lui prendre des disciples. Mais il voit en Jésus celui qui doit être écouté, parce que l'esprit lui a été donné sans mesure; j'ai presque envie d'ajouter avec démesure, puisque Jean a vu l'Esprit envahir Jésus au moment du baptême), il y a là une abondance qui me ravit.

J'aime un Dieu qui donne avec abondance, sans mesure: qui n'est pas là à mesurer la quantité ou la qualité. J'aime un Dieu qui déverse, qui donne; qui ne compte pas. D'ailleurs Jésus est ainsi quand il donne à manger aux foules, quand il guérit tous les malades. On est dans l'abondance.

J'aimerais tant que l'Eglise insiste sur cette abondance, sur cette démesure, au lieu de toujours se centrer sur les efforts que nous devons faire pour avoir quelques gouttes de l'Esprit (ou de l'Amour) qui est proposé. Dieu, quand il donne, ne compte pas, et cela nous devrions en tenir compte au lieu de regarder notre nombril pour savoir si nous faisons comme il faut.

E comme Esprit

*Ac 2,4 Tous furent remplis **d'Espri**t Saint.*

Quand j'ai lu cette traduction proposée pour ce verset des Actes de Apôtres, je l'ai trouvée magnifique, je dirai un vrai coup de cœur.

Quand je travaillais en Chirurgie pédiatrique, les réanimateurs avaient une phrase que je n'aimais pas, qui était: "je l'ai rempli" ce qui voulait dire que l'on apportait sous forme de perfusion, donc du dehors vers le dedans, tout ce dont l'enfant avait besoin pour vivre.

Être rempli d'Esprit Saint, c'est recevoir ce don qui vient du dehors, parce qu'il ne nous appartient pas.

C'est recevoir ce don qui rentre en nous, qui nous remplit, qui nous donne tout ce dont nous avons besoin pour être des vivants. Qui pallie aussi ce qui ne fonctionne peut-être pas trop bien en nous, comme ce remplissage des réanimateurs permettait aux enfants de combler les manques liés aux atteintes somatiques, donc à ce qui était abîmé, tant qu'ils ne pouvaient fabriquer par eux-mêmes ce dont ils avaient besoin pour vivre.

Si je reviens à ce texte, c'est aussi pour dire que curieusement c'est un texte sans paroles. Il y a le bruit du vent (un peu comme la tempête qui se lève avant que n'éclate l'orage); il y a une vision: ils voient ces langues de feu, qui se partagent et qui se posent; mais il n'y a pas de paroles comme lors du baptême de Jésus ou comme à la transfiguration.

La parole est du côté des hommes puisque, "remplis d'Esprit Saint", ils se mettent à parler en d'autres langues, ce qui leur permet d'être compris et entendus par ceux qui sont dehors et de toucher leur cœur (car la langue maternelle, c'est aussi cela).

Ce "être rempli d'Esprit Saint" renvoie pour moi à l'abondance du don, à la Vie qui se déploie et qui irrigue tout ce qui est sur son passage.

F comme

F comme Faute

Ps 50 : ma **faute** est devant moi dans relâche..

Je trouve que le psaume 50 ou 51, quand on le lit avec les chapitres 11 et 12 du deuxième livre de Samuel - qui rapportent comment David se laisse avoir par la beauté d'une femme qui se baigne nue sous son regard, ce qui n'est quand même pas neutre - permet de comprendre un peu ce qu'il en est du péché, de la faute. Car David, une fois sa faute révélée par Nathan, demande à Dieu de le guérir de son péché ; il dit que sa faute est devant lui sans relâche (donc que ça l'empêche de dormir, il s'en veut, il ne pense plus qu'à ça, bref il rumine, et il est dépressif).

Quelle est la faute ou quelles sont les fautes de David ?

Peut-être que la première faute (je ne dis pas péché) c'est de ne pas être parti à la guerre, de se prévaloir de son titre de roi pour profiter de la vie (faire la sieste, ce n'est pas rien). Et ce péché là, qui renvoie à sa position sociale, c'est peut-être un des péchés de base (l'hybris : moi je suis au dessus des lois, je suis mon petit dieu, je fais ce que je veux, comme je veux et où je veux). De ce péché là, qui est une vraie maladie, découlent beaucoup de perversions.

La seconde faute, c'est le non respect du septième commandement mais aussi du dixième: "tu ne commettras pas l'adultère" et "tu ne convoiteras pas la femme de ton voisin". Il est évident que voir une femme se dénuder tout près de lui, et rester de marbre, d'après ce que l'on sait de lui, ce n'est pas son truc. Ce qu'elle fait là n'est pas neutre. Son mari, un mercenaire, est à la guerre, manifestement elle n'a pas eu d'enfants de cet homme, et tout le monde sait que le roi a un cœur d'artichaut. Alors ce n'est pas innocent ce qui se passe là. On peut parler de tentation. Comment résister à la tentation quand on est le roi. Si David se renseigne pour savoir si elle est disponible ou pas, cela indique que la transgression montre bien le bout de son nez. Et là, David désire la femme d'un autre, ce qui est contraire au dixième commandement : « tu n'auras pas de visées sur la femme de ton prochain ». Maintenant est ce qu'un Hittite est pour le roi un prochain ? Rien n'est moins sûr. En se renseignant sur elle, David apprend qu'elle est seule. Il est le le roi et on obéit aux ordres du roi. Comme le commandement émane de Dieu, c'est à Dieu qu'il désobéit. Alors il désobéit au septième commandement, tu ne commettras pas l'adultère, adultère qui normalement le rend passible de lapidation. Mais n'est-il pas le roi ?

La troisième faute arrive quand il apprend ensuite que la femme est devenue enceinte. Alors il essaie de se débrouiller pour faire endosser la paternité à Urie, et comme cela ne marche pas, et que ce dernier pourrait attaquer l'honneur du roi, il décide de le faire disparaître; et en cela il désobéit au cinquième commandement qui interdit de tuer. Bien sûr ce n'est pas lui qui se salit les mains, mais cela revient au même.

Cela fait beaucoup de manquements pour un seul homme. Mais finalement, quand on lit cette histoire, il y a de la convoitise, il y a de l'amour, il y a une maîtresse, bref tous les ingrédients d'un roman policier. La question étant : qui a tué Urie ?

Si on reprend le psaume 50, peut-être écrit après que Nathan lui ait mis le nez dans son « caca » et que son fils (l'enfant de Bethsabée) soit mort, David - un peu comme Adam - commence aussi par dire dit que ce n'est pas vraiment de sa faute, parce que, dès sa naissance, "dans la faute il a été enfanté" (transmission de la maladie in utero si l'on peut dire). Il ne veut qu'une chose, c'est sortir de la culpabilité qui manifestement le ronge (ou de la honte ce qui est pire).

Que David, le roi qui doit donner l'exemple au peuple, ait péché contre Dieu, en n'écoutant pas sa voix, cela transparait dans tout le psaume, mais la réparation ne se profile pas. Comment réparer ce qui a été fait ? Bien sûr on peut dire que Dieu en prenant la vie de l'enfant venge la mort d'Urie. Mais cette mort permet la naissance de Salomon qui sera celui qui fera régner la justice et construira la maison de Dieu. Comme quoi du mal peut aussi sortir du bon, et permettra la réalisation des promesses faites à David concernant sa lignée. .

Que David demande à Dieu de ne pas "lui reprendre son esprit saint", de lui rendre la joie d'être sauvé, pour qu'il puisse comme les justes enseigner aux coupables les voies du seigneur, semble un peu curieux . Mais peut-être que l'on peut supposer que quelque chose s'est passé dans le cœur de David, quelque chose qui n'est pas dit, mais qui fait qu'il peut louer et chanter Dieu, parce que la miséricorde a fait son travail de restauration. Le cœur brisé, broyé, est devenu un cœur vivant.. Je crois que l'art, et composer un psaume c'est de l'art, permet de sortir de la mort pour aller vers la vie.

Alors, que retenir de cela ? Il y a le mal commis, qui une fois reconnu permet un changement, et il est important de rencontrer quelqu'un qui montre ce mal. Mais aussi comment aider l'autre à sortir du mal subi? Peut-être que la réponse est Jésus qui sauve, et qui permet l'accès au Divin qui est en nous.

F comme Festin

Is 25,10 *Le Seigneur, le Dieu des Armées, préparera pour tous les peuples, sur cette montagne,* **un festin** *de viandes grasses,* **un festin** *de bons vins, de viandes moelleuses, de vins décantés .*

Les fêtes de fin d'année sont souvent l'occasion de faire "bombance", du moins en famille. On ne parle plus guère de festin. On parle parfois de banquet qui réunissent des personnes qui ont par exemple un métier en commun, mais un festin c'est autre chose. Il y a du délicieux, du délicat, du différent.

Le texte d'Isaïe 25, 10 cité ci-dessus fait penser au festin préparé par le père qui retrouve son fils (Luc 15).

Que ce soit dans l'ancien testament ou dans le nouveau, il est souvent question de festin, de repas de noces. Célébrer un évènement se fait en mangeant, mais pas n'importe comment. En quelque sorte, c'est la pulsion orale qui est satisfaite, c'est la faim qui est comblée, du moins pour un temps et ensuite cela doit laisser un souvenir impérissable, car la faim revient qu'on le veuille ou non. On ne peut pas faire de provisions en soi. Mais si on regarde un peu ce qui se passe pendant ces festins, il n'y a pas que l'oralité (bouche, ventre) qui est satisfaite, mais toutes les perceptions : audition par de la musique, olfaction par certes les odeurs des plats mais aussi par des parfums, vue par les danses. Ce sont donc tous les sens qui sont sollicités et je pense qu'il faut garder cela en tête pour aller plus loin, je veux dire dans ce que nous pouvons imaginer de ce festin des noces de l'agneau.

Festoyer, c'est aussi pour les nantis, les riches, alors que ce qui nous est annoncé, c'est qu'un jour, tous partageront et profiteront de ces bonnes choses; il n'y aura donc plus ni pauvres, ni riches et cela c'est une bonne nouvelle.

Mais dans mon aujourd'hui, dans mon présent, je n'aime pas cette idée de festoyer, de faire bombance, parce que justement cela ne concerne que peu de personnes. J'ai un peu de mal quand je vois ces films qui montrent des mariages dans certains pays, mariages qui coûtent des fortunes et qui mettent finalement un peu sur la paille les organisateurs du festin; et cependant socialement c'est indispensable: un festin est le signe de quelque chose. J'ai aussi du mal peut-être avec moi-même, car lors de ces repas, il y a le trop manger, ne pas pouvoir s'arrêter, quelque part s'empiffrer, et je n'aime pas. Il doit y avoir un équilibre à trouver.

Quant à ce qu'il en sera dans l'au-delà, il fut un temps où cette idée de festin ne me plaisait pas du tout, parce que je la prenais d'une manière trop basique. Si l'on pense à Jésus après sa résurrection, le corps (et c'est aussi ce que rapportent les personnes qui ont vécu des NDE) sera complètement différent. Les perceptions seront autres, et si festoyer c'est finalement être rempli de joie et de bonheur par des perceptions dont nos sens ne connaissent rien aujourd'hui, là j'avoue que c'est très séduisant. Ce serait peut-être la réalisation de ce Jésus promet dans l'évangile de Jean : Alors votre joie sera parfaite.

Je me dis aussi que ce n'est pas la quantité qui compte. Je peux imaginer que boire une gorgée d'eau quand on est assoiffé c'est un festin, manger du pain quand on a faim c'est pareil. Alors peut-être faut-il regarder ce mot autrement, le sortir de la matérialité de la bombance.

Par ailleurs on ne festoie pas seul. Être avec les autres, se réjouir le la même chose c'est important. Et de quoi se réjouit-on dans l'Au-delà ? Peut-être tout simplement d'être saisi par ce petit bout de pain et cette gorgée de vin qui prennent leur plénitude.

F comme Feu

Luc 12,49 Je suis venu apporter un feu sur cette terre, comme je voudrais qu'il soit déjà allumé.

Dans la mythologie grecque, un titan, Prométhée, qui est en partie le créateur des humains, vole le feu et le donne aux hommes. Ce feu volé, qui est considéré comme la connaissance, a permis à l'humanité de devenir ce qu'elle est. Les arts du feu permettant le passage du cru au cuit, mais surtout la confection des instruments de guerre.

Quand Adam consomme le fruit qui doit le rendre comme un Dieu, on peut voir cela comme un essai de s'emparer de la connaissance. Et, comme avec Prométhée, les choses ne se passent pas trop bien puisque l'homme perd son logement (un jardin), que la terre sera dure à cultiver (donc il aura faim alors qu'auparavant il avait tous les fruits des arbres à sa disposition), que sa femme ne donnera pas facilement la vie. Bref il perd une qualité de vie, mais il a déjà été capable d'assembler des feuilles de figuier (traditionnellement considéré comme l'arbre de la connaissance) pour en faire un vêtement qui le couvre et qui le protège de la honte de la nudité; il devient inventeur, ce qui n'est pas si mal.

Quant à Jésus lui, il ne vole rien. Il apporte sur la terre un feu, que nous appelons ou appellerons Esprit Saint, feu qui à la fois purifie, purifie de la honte qui est celle des hommes qui ont voulu se faire comme des dieux, qui redonne l'Esprit du Père et fait de nous des fils, avec la capacité de devenir comme Dieu, des créateurs. Ce feu de Dieu, il est là, non pas pour une élite, mais pour tous.

F comme Fils

Luc 15, 19 : je ne suis plus digne d'être appelé ton fils

Quand le fils revient à la maison, le moins qu'on puisse dire c'est qu'il n'a pas vraiment conscience de ce qu'il a fait: il a faim et il trouve une belle formule pour revenir chez lui et se faire embaucher par son père. Or le père, on a l'impression que la motivation il s'en moque. Ce qui compte c'est que son garçon soit de retour (il guette un peu comme la mère du jeune Tobit qui attend le retour de son fils qu'elle croit mort). Alors je me dis que toutes ces personnes qui sont allées vers Dieu par crainte de l'enfer, avec une motivation que je n'aime pas trop, au final, la motivation n'a pas d'importance; Ce qui compte, c'est que ces personnes mues par la peur, ou la faim, ou le froid, ou la solitude, se tournent vers quelqu'un qui lui, voit bien au delà, et qui ouvre les bras avant même que la parole ne soit dite.

Et si Jésus était comme ce fils-là? Il est avec son Père dans cet ailleurs que nous nommons l'Au-delà, et il décide de prendre son héritage (le don de l'Esprit) pour venir dans notre monde, pour donner avec largesse, pour manger avec des mal foutus, des lépreux, des gens de mauvaise vie.. Et le père attend un retour qui va se faire, mais un retour qui prend avec Lui tous ceux pour lesquels il s'est donné.

J comme

J comme se Jeter

Jn 21, 7 « il se **jeta** à l'eau »

"Alors le disciple que Jésus aimait dit à Pierre: c'est le Seigneur. Quand Pierre eut entendu que c'était le Seigneur, il passa un vêtement car il n'avait rien sur lui, et il se jeta à l'eau. Les autres disciples arrivèrent en barque, trainant le filet plein de poissons; la terre n'était qu'à une centaine de mètres".

Avec mon esprit terre à terre, ce petit texte m'a toujours posé problème. Pierre qui normalement ne sait pas nager (cf l'épisode où il sort de la barque pour marcher avec Jésus sur les eaux), saute dans l'eau. Certes cela va bien avec son caractère en tout ou rien, mais pour quelqu'un qui ne sait pas nager, dans un lac où le fond est profond, c'est quasiment suicidaire. Cela pourrait se comprendre à la rigueur pour quelques mètres mais pas d'une centaine. Pierre risque sa vie ni plus ni moins, et parfois se jeter à l'eau ou se jeter dans l'eau c'est vouloir se tuer. Cela renvoie toujours à un risque. Et aussi, que la voix de Jésus porte aussi loin, je veux bien, mais je suis un peu dubitative. 10 ou 20 mètres oui, 100, cela fait quand même beaucoup.

Quant au vêtement, c'est aussi curieux. Car nager avec un vêtement (j'en ai fait l'expérience) ce n'est pas facile. Cela alourdit, ne facilite pas les mouvements et entraîne vers le fond. Et puis, je me dis que les nuits sont quand même fraîches en Galilée, alors pourquoi "pas de vêtements", pourquoi "tout nu"?

Traditionnellement les baptisés reçoivent un vêtement à leur sortie du passage dans l'eau. Là c'est l'inverse: Pierre n'a pas de vêtement, il est dans sa barque, il a semble-t-il ôté son vêtement. Il est tout nu, un peu comme un bébé qui vient de naître. Il est peut-être fragile, mais il met totalement sa confiance dans cet homme qui est sur la berge et qui lui a tendu jadis la main quand les vagues menaçaient de l'avaler (Mt 14,28-31). La référence à ce texte est d'ailleurs intéressante. Pierre met en quelque sorte Jésus à l'épreuve: si c'est bien toi, dis-moi de venir jusqu'à toi. Là, Pierre se jette à l'eau tout seul, même s'il doit en mourir pour aller vers celui qui l'attend sur le rivage. Alors peut-être qu'il remet son vêtement pour reprendre le geste d'Elie sur l'Horeb quand ce dernier reconnaît la présence de son Dieu dans la brise légère qui suit la tempête et le tremblement de terre? Je dois dire que cette hypothèse me plairait assez. Pierre sait que son Seigneur est là, un Seigneur différent même s'il leur parle amicalement, alors en quelque sorte il manifeste son respect.

Alors qu'est ce que l'évangéliste veut nous faire comprendre?

Ne s'agit-il pas du baptême de Simon, fils de Yonas, pour qu'il devienne Pierre (puisque c'est comme cela que Jésus le nomme dans la suite de cet épisode avant de lui confier la charge de faire paître ses brebis)?

Pierre a revêtu son vêtement, il a traversé l'eau (où il aurait pu trouver la mort), car il sait que de l'autre côté se trouve le vivant, celui qui a vaincu la mort, celui qui donne la vie. Je pense que Pierre (que Jésus appelle Simon dans la suite de ce passage) fait à sa manière, en se jetant à l'eau, l'expérience que font tous les baptisés, tous ceux qui passent par les eaux pour aller vers la vie. Il fait lui aussi une expérience de mort et de résurrection.

Peut-être que nous aussi, quand quelqu'un nous dit que le Seigneur est de l'autre côté, en train de préparer un repas pour nous, cela vaut la peine de se jeter à l'eau et d'y aller, même si on a un peu peur...

H comme

H comme Honte

Genèse chapitres 2 et 3.

Gn 2,25 : *Tous les deux, l'homme et la femme, étaient nus, mais ils n'en éprouvaient aucune honte l'un devant l'autre.*

Il peut être intéressant de reprendre le début du livre de la Genèse (Genèse 2 et 3), et d'essayer de comprendre comment la honte est entrée dans le monde; en ne se centrant pas sur le péché dit "des origines". Quand un petit enfant commet ce que l'on appelle une faute, en général ce n'est pas de la culpabilité qu'il ressent, parce qu'il ne sait pas vraiment qu'il a mal agi, mais de la honte, parce qu'il n'a pas été à la hauteur et parce qu'il a déçu ses parents. Ce qui est manifeste dans le chapitre 3 de la Genèse, c'est qu'Adam a peur de son créateur, c'est qu'il a honte de sa nudité, mais qu'il ne semble pas se rendre compte de sa culpabilité, qu'il rejette d'ailleurs sur la femme, qui elle-même la rejette sur le serpent. Ce que je veux dire c'est que faute et honte sont intimement liées, mais que si la faute avouée est pardonnée (voir le psaume 50), la honte colle à la peau, et qu'il est beaucoup plus difficile de l'évacuer. Seul l'amour inconditionnel de quelqu'un peut redonner l'honneur perdu.

Même si on admet que la Genèse (dans sa version écrite) date peut-être du temps de l'exil et avait pour but de donner un sens à ce que vivait le peuple de Dieu arraché à sa terre et à ses traditions, il ne faut pas oublier qu'elle s'adressait à un peuple qui vivait dans la honte et l'humiliation. Les petits romans que sont les livres de Judith, d'Esther ou de Tobie nous le font bien comprendre. Quand Daniel écrit: (Dn 9, 7-8) "*A toi Seigneur la justice, à nous la honte au visage, comme en ce jour, à nous, gens de Juda, habitants de Jérusalem, tout Israël, proches et lointains, dans tous les pays où tu nous as chassés à cause des infidélités commises à ton égard, Yahvé, à nous la honte au visage, à nos rois, à nos princes, à nos pères, parce que nous avons péché contre toi.*" on voit bien le lien entre péché et honte. Le péché crée de la honte, rend honteux, mais comment sortir de la honte? Dans la Bible, Dieu le fait en redonnant la victoire, en montrant au monde sa force et sa puissance.

Être arraché à sa terre fait d'un être humain un déraciné. Lui raconter la création de deux manières différentes peut l'aider à trouver du sens à ce qu'il vit. Que l'écrivain se soit servi de mythes existants, pourquoi pas, mais on peut lire au travers de la vie d'Adam l'éveil à la vie, l'éveil à la société.

Je propose une relecture des chapitres 2 et 3 de la Genèse pour mettre en évidence que la honte qui "vous couvre comme un manteau", que l'on lave souvent dans le sang, est décrite comme antérieure à la reconnaissance de la faute, et du péché qui est une rupture de lien. En termes psychanalytiques, je dirais que la honte renvoie au narcissisme primaire, et la culpabilité plus au narcissisme secondaire. La honte sous-tend beaucoup de nos actes, mais nous ne nous en rendons plus compte.

Temps un: Gn 2,5-17

Contrairement à beaucoup de mythologies, Adam est créé seul, à partir de la terre (poussière), et il a une fonction : servir et entretenir le jardin de son créateur (son papa). La relation est donc apparemment « fonctionnelle ». L'homme est nu, pas vêtu; or le vêtement est quand même le signe de la vie sociale. Que cela renvoie à l'innocence de l'enfant, oui, j'en reparlerai; mais dans notre imaginaire, les sociétés où l'homme est nu sont des sociétés sans cultures, des sociétés qui furent les réservoirs de nos esclaves à partir du 16° siècle. Par ailleurs, si Adam doit s'occuper du jardin, il subit les ardeurs du soleil et s'il est nu, il est fragile. Alors peut-être qu'Adam est noir, ce qui lui permet de résister aux brûlures et qui irait dans le sens d'une origine noire de l'humanité. Adam a le gite et le couvert, mais aussi l'interdit de manger d'un arbre, celui de la connaissance du bon et du mauvais (du bien et du mal). Il lui est dit que s'il mange de cet arbre, il en mourra, ce qui veut dire deux choses : tout n'est pas bon dans ce jardin, et la mort y est présente, même si elle est présentée comme une menace. Peut être qu'en lui-même l'arbre n'est pas nocif, mais pour l'homme il l'est, de même que le chocolat n'est pas nocif pour l'homme, mais l'est pour le chien. Ce qui peut vouloir dire que c'est Dieu qui comme tout père, va apprendre à Adam ce qui est permis ou défendu, ce qui fait mal, ce qu'il faut éviter. On est dans un processus d'éducation; seulement l'homme est souvent pressé de franchir les étapes.

La nudité peut avoir une autre explication. Elle renvoie certes à l'état de l'enfance où la pudeur n'existe pas et où la nudité peut être règle, mais elle renvoie surtout à une vision fantasmatique de ce lieu où l'on peut en toute sécurité être nu les uns devant les autres, reconnu dans la sexualité par l'autre, sans que la pulsion ne prenne le devant de la scène (c'est ce qu'exprime la malédiction donnée à Eve : ton désir te poussera vers l'homme et lui te dominera Gn3,16). Elle renvoie donc littéralement au paradis tel que nous pouvons l'imaginer : un lieu où la convoitise n'existe pas.

Temps deux: Gn 2,18-25

Dans un deuxième temps, Adam qui a trop de travail, demande une aide. Il est donc confronté au manque et demande que Dieu lui donne quelqu'un pour l'aider. On assiste alors à la création du monde animal, avec Adam qui « crie » le nom des animaux, mais qui est déçu après chaque création. L'important étant peut-être que l'homme a la parole, et que s'il nomme les animaux qu'il ne crée pas (ce qui reprend la création du premier chapitre de la Genèse) il a pouvoir sur eux puisqu'il les nomme. Là encore il y a reprise du premier chapitre où le couple qui domine les animaux et la terre, mais qui comme les animaux mange l'herbe des champs, est le maître de l'univers.

Il se passe alors une sorte de scène primitive, puisqu'Adam est endormi et qu'il va donner naissance non pas à un enfant (encore que l'on puisse se poser la question), mais à la femme qui porte ici un nom générique, « isha », « elle ». Il la décrit comme la chair de sa chair, les os de ses os, mais cela c'est ce qu'un couple peut dire à la naissance de ses enfants. Alors cette Isha est elle sa fille ou sa sœur? On pourrait opter pour sœur. Reste la question de la côte (os) ou du côté, qui semble plus intéressante et qui renvoie de fait à la perte d'une partie de soi et du coup à la recherche de la complémentarité, ce qui se passe dans tous les couples quand ils se forment. Ce qui est certain c'est qu'elle ne porte pas non plus de vêtements. "Ils étaient nus sans se faire mutuellement honte" Gn 2,25.

Temps trois: Gn 3,1-6

Arrive la scène dite de la tentation. Qu'on fasse porter le chapeau au serpent, c'est normal, mais peut-être que le désir d'expérimenter qui est en chacun de nous, et qui est sans doute une marque de divin, fonctionne chez la femme qui n'a pas reçu directement l'interdit. Celui-ci a été transmis par le grand frère. Il faut dire que le serpent s'y prend très bien. C'est un animal « sauvage », mais peut-être que sauvage renvoie à l'idée qu'il n'est pas domestiqué, qu'il est son propre maître; il est quand même très fort. Il oblige la femme à se centrer sur l'arbre qui est au centre du jardin.

La notion de centre est certainement importante, être le centre de l'attention, être le centre de tout, cet arbre symbolise la présence du Dieu absent, et c'est là dessus que le serpent instille son venin. Il insiste sur la vue : vous verrez les choses telles qu'elles sont, vous serez comme lui, capable de savoir ce qui est bon ou mauvais. Voir les choses telles qu'elles sont, qui d'entre nous n'a pas ce désir de voir ce qui est au delà du vu, au delà du regardé. Qu'est ce qui se cache derrière ? Mais cela c'est la base de la recherche scientifique. La femme se rend à l'évidence : ce fruit est beau. Et c'est là que l'intelligence non développée raisonne mal, raisonne comme celle d'un enfant de 4 ans. C'est beau, donc c'est bon, et si c'est bon il faut que ce soit expérimenté par la bouche, puisque l'oralité est le premier sens qui se développe chez l'enfant. Ce qui est décrit là, c'est le processus par lequel tous les enfants acquièrent la connaissance et apprennent aussi à discerner ce qui est bon et ce qui est mauvais.

Pourquoi le fait de désobéir ne lui ouvre pas les yeux, cela reste un mystère. Peut-être que par le biais du serpent, la femme propose une épreuve à l'homme, et que celui-ci oublie l'interdit, oublie la présence de Dieu, et consomme.

Or s'il consomme, c'est pour être comme Dieu, et quel enfant n'a pas envie d'être comme son papa ou sa maman qui peut faire tout ce qui lui plaît.

Et là quelque chose se passe, qui n'était pas prévu du tout. Ils acquièrent bien une connaissance, ils se voient tels qu'ils sont, sexués et nus. Manger du fruit c'était le désir d'être grand (stade phallique); se rendre compte que l'on est nu, fragile, et différent c'est une véritable chute, c'est la perte de l'illusion, c'est se voir tel que l'on est, avec du coup la peur. La honte apparaît. La honte c'est cette impression d'être sale, laid, c'est avoir envie de disparaître. Mais avec ce sentiment arrive la capacité de création : coudre des feuilles de figuier. La lutte contre la honte est un moteur très important. Pour cacher le déshonneur, l'échec, l'homme est capable de bien des choses : du meilleur comme du pire..

Temps quatre: Gn 3,7-24

Arrive alors Dieu, Dieu qui n'était pas là, Dieu qui avait pourtant été explicite : ce fruit, il est poison pour toi. Il te fera mourir. Mais il n'est pas possible de toujours croire les parents, qui passent leur temps à vous faire peur; arrive un moment où on veut expérimenter par soi même.

Et l'homme, pour la première fois de sa courte vie, expérimente la peur. Peur d'être petit et fragile devant son papa, peur de ce corps qu'il ne connaît pas bien mais qui jusque là ne le gênait pas, peur de ce qui va arriver.

Il est sorti de ce qu'on appelle l'innocence pour passer à la honte, honte qui le concerne lui, puis à la peur, qui renvoie à sa relation à l'autre.

Arrive ce dialogue qui pourrait être drôle, mais qui ne l'est pas.. Car l'homme renvoie la faute sur la femme (en d'autre termes, si Dieu n'avait pas créé la femme, lui l'homme, jamais il n'aurait pas désobéi). C'est à la fois de sa faute à elle, mais aussi de la faute de Dieu, qui n'a pas créé la « bonne » femme. Que de fois ne pensons nous pas comme cela : « si Dieu n'avait pas mis sur notre chemin telles ou telle chose, alors nous n'aurions pas commis quelque chose qui nous retombe sur le dos, donc c'est de sa faute » !

La femme, elle, renvoie sur le serpent, et Dieu, lui, maudit...

- Il maudit le serpent, en le condamnant à ramper, c'est à dire à être au ras de la terre, de perdre sa position verticale, avec la prophétie que la descendance du serpent (le mal) sera un jour écrasée, mais que la femme mordue au talon perdra la marche..

- Il maudit la femme dans sa génitalité; la menace de stérilité la fait entrer dans la honte.

- Il maudit l'homme dans sa relation à la terre: et là encore, la stérilité de la terre renvoie à la honte.

- Il enlève l'immortalité en les chassant du jardin, et la mort qui signe cette déchéance est bien signe de honte.

Il est quand même possible de penser que la sanction est bien sévère, car Adam, tel qu'il nous est présenté, semble être un enfant qui fait confiance à sa sœur, qui se laisse attirer par la texture et l'odeur du fruit bref qui agit avant de réfléchir et qui est loin d'être réellement autonome. Mais cette histoire donne du sens à ce que vit le peuple élu au moment de la rédaction de ce livre.

Il n'en demeure pas moins que la sanction est effrayante. Qui d'entre nous mettrait son enfant à la porte s'il avait désobéi ?

Et le créateur ?

Je me suis aussi posée une question que je n'aurais peut-être pas dû me poser, mais qui pourrait expliquer la violence de la sanction. Si on en croit les psaumes, quand Dieu crée l'homme, il le crée "à peine moindre qu'un Dieu" (Psaume 8), donc au dessus des anges; et c'est d'ailleurs ce que dira Paul dans l'épitre aux Romains. Et les anges « prennent l'homme sur leurs ailes, pour qu'à la pierre leur pied ne heurte » : ils sont tout puissants certes, mais ils veillent sur l'humain.

Alors, si on s'appuie sur les midrashs qui parlent de la création de monde, on y voit que les anges n'étaient pas du tout d'accord pour que Dieu crée l'humain. Mais Dieu passe outre. Et voilà que son humain, en ne respectant pas les clauses, en tombant à la première tentation, lui fait perdre la face à lui, Dieu; il ne lui fait pas honneur. La honte, qui est en l'homme qui se trouve tout nu, se retrouve aussi en Dieu qui a loupé son coup, qui n'a pas été à la hauteur.

Un Dieu qui connaît la honte, il a de quoi se mettre très très en colère, parce qu'il perd la face si j'ose dire. Et la sanction se comprend mieux, car il y a des témoins, les anges et les esprits qui habitent dans cet ailleurs que nous ne connaissons pas. Comment Dieu va-t-il être lavé de l'affront subi par la faute de Satan, parce que c'est quand même bien de ce combat là qu'il s'agit ? Qui va laver cette honte ?

H comme Honte

Ezéchiel. 16, 63

« *Cependant, moi, je me ressouviendrai de mon alliance, celle que j'ai conclue avec toi au temps de ta jeunesse, et j'établirai pour toi une alliance éternelle. Ainsi tu te souviendras,* **tu seras couverte de honte**. *Dans ton* **déshonneur**, *tu n'oseras pas ouvrir la bouche quand je te pardonnerai tout ce que tu as fait – oracle du Seigneur Dieu.* » Ezéchiel 16, 63 ».

Au mois d'Août, le lectionnaire de semaine nous a fait parcourir le livre d'Ezéchiel et en particulier le chapitre 16, où Dieu fait en quelque sorte une relecture de l'histoire de Jérusalem. Son peuple, écrit le prophète, inspiré par Dieu, est issu d'une mauvaise souche (Moabites et Hittites), et aurait dû mourir faute de soins dès sa naissance; il n'avait aucun avenir. Mais Dieu s'en est occupé comme une mère, et grâce à ses soins et son amour, a transformé ce bébé femelle en une belle femme. Celle-ci, au lieu de rester fidèle à celui qui l'a mise au monde et sauvée, s'est donnée à tous les autres dieux. Elle a été punie de son infidélité. Pour autant, Dieu ne la répudie pas, et la "reprend". Voici ce qu'il fait dire à son prophète: « *Cependant, moi, je me ressouviendrai de mon alliance, celle que j'ai conclue avec toi au temps de ta jeunesse, et j'établirai pour toi une alliance éternelle. Ainsi tu te souviendras,* **tu seras couverte de honte**. *Dans ton* **déshonneur**, *tu n'oseras pas ouvrir la bouche quand je te pardonnerai tout ce que tu as fait – oracle du Seigneur Dieu.* »

Dans ce court texte, qui fait référence à la honte, à la honte qui couvre un individu, qui lui colle tellement à la peau qu'il croit que tout le monde voit cette honte, qui lui donne envie de disparaître, de se cacher, on se rend compte que la honte que vit Israël à un moment de son histoire sera comme décuplée, multipliée à l'infini quand il /elle se rendra compte que son Dieu (son époux) lui pardonne. Elle en perdra la voix.. Elle ne pourra plus rien dire, elle sera muette.

Dieu pardonne l'infidélité (il faut aller relire tout le début du chapitre 16), donc la faute, fait miséricorde (terme très à la mode en ce moment dans nos églises), mais cela ne permet pas la reconnaissance qui s'exprimerait en mots ou en gestes; il n'y a que la honte.

Israël ne peut pas dire merci; Israël ne peut pas dire je t'aime. Non, Israël est confondue par la vision de ce qu'elle a fait, par la vision de ce que son Dieu fait pour elle, et elle en perd la parole, le souffle. Elle est muette. Jamais elle n'aurait pu imaginer que son Dieu puisse être ainsi, et curieusement le pardon accordé provoque la honte. Ce n'est plus la honte d'avoir commis quelque chose de mal, c'est la honte de se sentir minable, tout petit, c'est la honte devant cette dissymétrie entre un Dieu Saint au sens fort du terme, et sa petitesse, sa laideur. C'est ce sentiment qu'a connu Isaïe quand il a vu son Dieu dans son temple: celui de sa finitude, de la distance qui ne peut être comblée entre lui et son créateur, qui est le créateur de l'univers.

Dans ce texte du premier testament, la faute d'Israël est d'avoir oublié que tout lui venait de son créateur, que par elle-même elle n'était capable de rien, et d'avoir jeté aux orties l'amour entre elle et son Dieu. Les épreuves qui lui sont tombées dessus auraient dû lui ouvrir les yeux (défaites, exil, destruction du temple), mais la honte qui arrive maintenant est autre, elle renvoie au sentiment total d'indignité.

Et peut-être que cette honte-là, qui révèle à la fois l'indignité mais aussi l'infinie distance avec ce Dieu dont les pensées ne sont pas nos pensées, permet enfin la naissance de l'humilité qui, étant l'inverse de l'hybris (que l'on reproche tant à l'homme et qui est souvent considéré comme la faute originelle), permet la relation entre Dieu et sa créature et redonne à cette dernière l'accès à la divinité. Car l'homme ne s'empare pas de la divinité par la force, mais il la reçoit d'un autre, elle est en lui, et elle ne peut s'épanouir que si l'autre la travaille en lui.

H comme Humilité

*Ph 2, 3 que chacun par **l'humilité** estime l'autre supérieur à soi".*

Un ami prêtre disait que l'humilité c'est considérer que tous les autres sont supérieurs à vous, y compris les arrière-petits-enfants pour les grands parents! Pour moi l'humilité, ce n'est pas du tout cela. Je sais que que comme tout être humain, je viens de l'humus et que ce n'est pas glorieux, donc pas question pour moi d'oublier cette composante.

Pour moi, être humble, ce n'est pas reconnaître que l'autre est automatiquement supérieur à vous ou meilleur que vous; ce n'est pas systématiquement me positionner en attitude "basse" par rapport à lui, en le considérant comme un maître, non ce n'est pas cela.

L'humilité, c'est savoir que l'autre a toujours quelque chose à vous apporter, quelque chose que vous vous n'avez pas. Ce n'est pas une notion d'inférieur ou de supérieur, c'est d'abord une notion de respect: ne pas juger, ne pas se fier aux apparences et faire confiance à l'autre. Il y aura toujours quelque chose à découvrir en lui ou il vous fera découvrir quelque chose, et cela entraine la reconnaissance.

Dans son épitre aux Philippiens (2,3), Paul recommande *"que chacun par l'humilité estime l'autre supérieur à soi"*. Je trouve cela très encourageant, car si moi j'estime que les autres me sont supérieurs, les autres eux, pensent pareil de moi.

Dans les synoptiques, Jésus prend les petits enfants pour les opposer en modèle d'humilité à ses apôtres. Les petits enfants du temps de Jésus sont considérés comme des moins que rien, et ces moins que rien, ont des anges qui sont sans arrêt devant la face de Dieu, donc qui sont très bien placés dans la société divine. Que cela renvoie à un discours rabbinique ou midrashique, c'est très possible, mais ne pas se fier aux apparences est peut-être nécessaire, pour ne pas se sentir ou se croire supérieur aux autres.

Bref l'humilité c'est se reconnaître dépendant de l'autre, quelle que soit cette manière.

I comme

I comme Incarnation

Petites réflexions...

C'est le temps de l'Avent, c'est le temps d'une attente, c'est le temps d'une naissance, mais c'est aussi une remémoration: Un jour du temps, un Dieu, notre Dieu, a décidé de prendre chair.

On parle parfois d'ongle incarné. Un ongle incarné, c'est un ongle qui s'enfouit dans la chair, qui rentre dedans et qui en quelque sorte fait un avec elle. Pour moi, l'incarnation c'est cela. C'est Dieu qui décide de faire un avec l'humain, de s'enfouir en lui, de s'enraciner en lui.

Il ne s'agit pas de ces caprices des dieux de l'Olympe, où Jupiter s'éprend de telle ou telle jolie femme pour mettre en elle sa semence et créer un demi dieu. Non, c'est bien autre chose, car ce n'est pas une impulsion, c'est une décision qui prend date.

On dit parfois que l'homme croyant vit avec une ancre qui est dans le ciel (il faudrait définir cela), mais l'idée est qu'il y a un ancrage qui le tire vers le haut, vers le Dieu en qui il essaie de croire bon an, mal an. Dans l'incarnation c'est un peu l'inverse, c'est un dieu qui prend ancrage vers le bas, vers cet homme capable de toutes les méchancetés mais aussi du meilleur, parce que même si cela existe chez les animaux, la capacité de l'humain a se sacrifier pour ses petits, ou pour les autres est quand même une des caractéristiques de ce que nous sommes.

Par ailleurs si on prend les généalogies de Jésus, celle de Matthieu, qui va jusqu'à Adam, montre (enfin me montre) que Dieu a toujours su que par lui-même l'homme, du fait de la violence qui est en lui et qui est inhérente à sa survie sur la terre, est incapable, même s'il y a du bon en lui, d'arriver à laisser vivre en lui ce bon ("tov" de la Genèse). Il ne s'agit pas de se sauver de la colère d'un Dieu qui ne supporterait pas que sa créature soit dans l'orgueil et la désobéissance, mais de cette incapacité radicale de l'homme à faire ce qui est bon pour entrer dans le projet de Dieu. Alors pour pallier cela, depuis toujours (en en cela on peut parler de l'omniscience de Dieu), il est prévu qu'un jour Dieu prendra racine dans l'humain pour le conduire à lui. Que cela soit gagné, non, mais que cela soit possible oui.

I comme Intendant

Lc 16, l'intendant avisé

Cette histoire racontée par Jésus dans l'évangile de Luc, suit immédiatement les paraboles de la miséricorde (qui s'adressent aux pharisiens). Elle est en principe pour les disciples, ceux qui ont donné de leur temps et de leur argent pour suivre Jésus. Mais si on lit la suite du chapitre, il semble bien que là encore, les pharisiens et leur amour de l'argent (du moins pour certains), soient dans la ligne de mire de Jésus.

Peut-être que Jésus veut faire comprendre à ses disciples qu'être fils de lumière (c'est peut-être ce que pensent d'eux-mêmes les pharisiens) ne doit pas conduire à une certaine passivité, mais à être attentif à ce que l'on fait avec l'argent. Être fidèle en peu de choses est important. Et la phrase "qui est malhonnête en très peu est malhonnête en beaucoup" évoque notre proverbe: "qui vole un œuf, vole un bœuf". Il y a donc une mise en garde. Il est aussi possible d'entendre dans ces commentaires de Jésus la parabole des mines: être capable de faire fructifier ce qui a été donné.

Mais en lisant cette histoire, je me suis demandée pourquoi cet intendant va être jeté dehors. Il ne cherche pas à se justifier, ce qui est assez étonnant. S'il s'était servi dans les caisses de son maître, ce qui pouvait non pas se justifier mais se comprendre, alors il aurait eu de l'argent pour vivre, donc il ne doit pas s'agir de cela. Parce que justement il semble bien que ce ne soit pas seulement autour de l'argent que cela se passe. Il s'agit finalement de filouterie; et la filouterie, elle peut déborder. Or Jésus, pour qualifier la manière de penser de cet homme pour s'en sortir, utilise le mot "avisé", du moins dans la Bible de Jérusalem.

Ce mot avisé, on le trouve dans l'évangile de Matthieu pour définir l'homme qui construit sur le roc et non sur le sable, mais aussi pour définir le bon intendant, celui qui donne à chacun sa ration de blé, qui ne frappe pas les serviteurs dont il est chargé, qui ne s'enivre pas et ne passe pas sa vie dans les bons repas, et surtout qui reste fidèle dans la durée. Être avisé, c'est prévoir le futur (ce qui se passe dans la parabole des vierges avisées et des vierges "sottes"). Ce gérant est donc avisé, car il prévoir l'avenir, il se débrouille justement pour trouver des personnes qui vont lui donner de quoi manger, qui prendront soin de lui quand il sera sur la paille.

Mais cette manière de faire, qui consiste en quelque sorte à acheter l'autre, à lui forcer la main en lui faisant faire un acte malhonnête, cela crée une complicité dans le mal, et en cela cet intendant continue à être fidèle à lui-même; il reste dans le mal.

Que Jésus donne cet homme en exemple, cela reste assez étonnant. Que nous utilisions ce que nous avons pour nous faire des amis qui pourront intercéder pour nous un jour ou l'autre, qui pourront nous accueillir, oui; que nous n'oublions pas qu'après la mort il se passe des choses, c'est ce que montre la fin de ce chapitre avec la parabole de Lazare le pauvre et du riche, ce qui est peut-être un moyen de faire comprendre aux pharisiens que la réussite terrestre (être riche, avoir des enfants, cela pouvait être compris comme le signe que Dieu récompensait ceux qui obéissaient à la Loi, qui étaient justifiés par elle), ne veut pas dire que le salut est obtenu pour autant.

M comme

M comme Marie-Madeleine

Jn 19, 41 Marie-Madeleine et le jardinier.

Après la mort de Jésus, l'évangéliste Jean écrit, Jn 19,41: *A l'endroit où Jésus avait été crucifié il y avait un jardin, et dans ce jardin un tombeau neuf où jamais personne n'avait été déposé. 42 En raison de la fête juive de la Préparation, et comme ce tombeau était proche, c'est là qu'ils déposèrent Jésus.*

Si on lit ce texte, on apprend qu'il y a un jardin; un autre jardin, puisqu'il y avait déjà le jardin où Jésus a été arrêté; et dans ce jardin un tombeau tout neuf. Mais personne ne sait ni ne nous dit à qui il appartient. Comme la fête de Pâques est proche, il semble donc que

Joseph et Nicodème posent ce corps, somme tout bien encombrant, dans ce tombeau qui leur ouvre les bras; tombeau qui appartient certainement à quelqu'un, et à quelqu'un de riche, puisqu'il ne s'agit pas d'un trou dans la terre. On peut imaginer que cela s'est fait dans la hâte, et que même s'ils ont pris avec eux un linceul et des aromates, ils n'ont pas été aussi soigneux qu'une femme aurait pu l'être. On a vraiment l'impression que ce tombeau qui se trouve là sur leur chemin est un cadeau de Dieu.. Ils peuvent faire leur devoir, et donner pour le moment un lieu décent à ce corps abîmé. Je sais bien que Matthieu dit que ce tombeau appartient à Joseph d'Arimathie, mais parfois j'aime ignorer ce qui a été écrit ailleurs et donc rester avec l'image d'un tombeau inconnu.

Puisque ce tombeau est dans un jardin, et qu'il a peut-être été utilisé sans consulter son propriétaire, on comprend beaucoup mieux ce qui se passe ensuite au chapitre 20: Marie-Madeleine entre dans le jardin, va vers l'endroit où elle sait que le corps a été déposé; pour s'en occuper, pour le faire « beau ». Mais le corps n'est plus là; après avoir averti Pierre et Jean, elle y retourne, avec peut-être le secret espoir que le corps est revenu, et là, malgré les hommes vêtus de blanc qui lui parlent et qu'elle entend à peine, c'est la panique.

Qui a pris le corps de celui qu'elle aime, corps somme toute, déposé dans un lieu qui n'est pas le lieu où il doit être déposé, pour le mettre ailleurs ? Alors, quand apparaît un homme qui pour elle est certainement plus le "gardien du jardin" qu'un "jardinier" au sens où nous pouvons l'entendre, il est certain pour elle, que cet homme a fait le ménage : il a pris le corps qui occupait une place qui ne lui appartenait pas, il l'a mis ailleurs; et là, Marie, n'écoutant que son courage, se propose, elle une femme, d'aller prendre ce corps grand et lourd pour s'en occuper. Le gardien a peut-être fait son travail de gardien, mais elle, elle veut faire son travail de femme, elle veut rendre sa dignité à ce corps.

En arrière plan de ce récit, on peut penser à un autre jardin: ce jardin d'Eden où l'être humain doit justement être le jardinier; et dont il a été exclu par le maitre du jardin, celui qui s'y promène à la brise du jour (ou du soir), celui qui a créé ce jardin et qui y a mis l' arbre de la vie et l' arbre de la connaissance.

Et Marie, quand elle reconnaît ce jardinier, qui est à la fois le nouvel Adam (dira Paul), et le Maître du jardin (Dieu), accède à la fois à l'arbre de la vie, car la mort a été vaincue, et à l'arbre de la connaissance: car en Lui elle voit certes « son Rabouni », mais surtout, au-delà de l'homme, elle voit celui qui est le Fils; celui est redevenu le Vivant, et le Tout Autre.

M comme Miséricorde

Luc 15 : trois paraboles de la miséricorde

Si on replace les paraboles dans leur contexte on sait que Jésus, une fois de plus, est critiqué par les pharisiens et par les scribes car il se souille en partageant le repas de ceux qui sont considérés comme des pécheurs (des impurs). Un « juste » ne devrait pas faire cela, c'est mal. Alors Jésus propose ces trois histoires que nous connaissons bien et qui se centrent toutes sur la joie quand on retrouve ce que l'on a perdu; et ici, ce que Jésus affirme, c'est qu'il y a au ciel plus de joie pour un pécheur qui se convertit que pour cent justes qui n'ont pas besoin de conversion. Ce qui veut dire quand même qu'il existe des justes au regard de Dieu. En d'autres termes Jésus ouvre un pont entre la terre et le ciel: quand un pécheur est sauvé (quand il se convertit) cela procure de la Joie dans le ciel, et les anges eux-mêmes se réjouissent; alors qui sont-ils ces pharisiens qui jugent ? Il est important de ne pas oublier qu'à force d'observer la loi, de la scruter, de la disséquer, de l'analyser, il y a un risque d'en perdre la « substantifique moelle » et de la chosifier, de la rendre lettre morte..

Ce que je veux dire, c'est que ces paraboles prennent beaucoup plus de saveur et de poids si on n'oublie pas les destinataires. Car la dernière parabole, celle des deux fils, représente finalement d'une manière simplifiée le « peuple ». Le second fils représente tous les pécheurs, tous ceux qui simplement parce qu'ils comprennent qu'ils se sont mis dans certaines « galères », parce qu'ils se sont détournés de celui qui donne « la vie, la substance et l'Etre », retournent vers lui, pas forcément avec des très beaux et très bons sentiments, et qui découvrent quelqu'un qui les attend, qui se réjouit et qui a souffert de leur absence.

Quant au premier fils, il représente tous ces hommes qui se veulent les bons serviteurs, qui travaillent pour leur Maitre, mais qui ne se permettent pas le moindre écart et qui finalement en veulent à tous ceux qui ne vivent pas comme eux. Et on peut penser que Jésus se désole de cette fermeture. Eux devraient se réjouir de ces pécheurs qui changent de vie, au lieu de leur tourner le dos et tourner aussi le dos à celui qui se dit le Père. Que ce clivage entre pécheurs et scrupuleux nous permette de réfléchir à ce qui en nous relève de ces deux aspects, bien sûr, mais il me semble important de ne pas oublier quels sont les destinataires: si nous sommes devenus des pharisiens, alors malheur à nous, sauf que nous apprenons que le maître, le Père, est patient.

Je propose, avant de réfléchir à ce que ces paraboles peuvent nous dire du manque, de la perte, de les repenser telles qu'elles ont été dites, c'est à dire pour les pharisiens qui trouvent que Jésus n'est vraiment pas un « Juif comme il faut » en en partageant le repas des ceux qui à leurs yeux sont des « pécheurs ».

La première parabole s'adresse directement aux pharisiens : « Si l'un d'entre vous a cent brebis... ». Jésus les compare donc à des bergers, et c'est important si on fait le rapprochement avec le texte d'Ezéchiel sur les bergers qui ne s'occupent pas de leurs brebis. Là, Jésus les compare à des bons bergers qui vont à la recherche de leur brebis; et qui ne cherchent pas à savoir pourquoi elle s'est sauvée mais qui veulent la retrouver avant qu'il ne lui arrive du mal; et le berger fait alors la fête, et il devient comme Dieu qui se réjouit chaque fois qu'un pécheur se convertit. Ce que Jésus semble leur dire c'est: vous qui vous réjouissez quand vous avez retrouvé votre brebis, n'êtes vous pas capables de vous réjouir quand un pécheur change de vie (ce que vient de faire Lévi) ?

La seconde parabole, celle de la pièce perdue, enfonce un peu le clou: la pièce d'argent représente le pécheur, mais la pièce est aussi celle de la couronne portée par la mariée le jour de ses noces; elle est donc nécessaire et on comprend mieux que la femme cherche, cherche encore, et qu'elle se réjouisse avec ses amies. La pièce retrouvée, c'est le mariage, c'est l'alliance et cela devrait réjouir les pharisiens, seulement eux croient savoir avec qui Dieu a fait alliance, et c'est cela le problème.

Quant à la troisième parabole, peut-être que Jésus veut leur faire comprendre qu'ils sont certes le deuxième fils, mais qu'ils sont aussi à l'image du Père, et qu'ils ont à attendre tous les jours le retour de ceux qui se sont éloignés, au lieu de rester bien à l'abri dans leurs certitudes.

Alors en chacun d'eux, il y a du berger, il y a de la bonne ménagère, il y a du père et il y a du fils. Et c'est sûrement vrai aussi pour nous. Comment ces parties là de nous réagissent-elles quand nous avons perdu quelque chose ou quand quelque chose ou quelqu'un s'éloigne de nous ? Souvent, quand nous perdons quelque chose, quand un objet disparaît, nous ne sommes pas bien. La perte, cela rend malade, et cela peut aussi mettre en colère : pourquoi est-il parti, pourquoi m'a-t-il laissé tomber ? Alors j'ai eu envie de relire ces histoires en pensant aux personnages mis en scène par Jésus, mais en n'oubliant pas à qui Jésus s'adresse, et ce qu'il veut faire entendre de ce visage du Père qui semble inconnu.

Il y a d'abord le berger. Pour lui, la journée s'est passée comme d'habitude, mais en comptant ses bêtes, il y en a une qui manque. Et là c'est le coup au cœur, ou le coup dans le ventre : elle n'est pas là. Bien sûr on peut imaginer que cette bête là, par définition, elle est un peu rétive, un peu pas comme les autres, mais ce n'est pas dit dans le texte ; simplement elle manque à l'appel, et il est normal que le berger parte à sa recherche. C'est son travail de berger. Et quand il la retrouve, au bout d'un bon nombre d'heures, comme sa brebis est épuisée parce qu'elle n'a pas mangé, et qu'elle a eu peur, alors il la prend sur ses épaules, et pour avoir vu des moutons, ce n'est pas rien que de porter ça sur ses épaules pendant des kilomètres et pendant la nuit. Et c'est certain que le berger a envie de fêter ça avec les autres bergers. Peu importe la raison pour laquelle elle est partie. Mais l'important c'est que le berger qui a vécu la perte de cette bête ne se laisse pas déprimer. Je veux dire qu'il ne se dise pas : tant pis pour elle, c'est de sa faute, on verra bien demain. Le manque le met en route et c'est cela l'important. Et nous pouvons nous poser cette question : est ce que moi j'ai envie de me lever, de marcher toute la nuit pour aller vers cette personne que je sais en perdition, qui risque de ne pas rentrer ? Ce qui est important, c'est que cette figure du berger renvoie à un personnage qui est actif, qui fait des pieds et des mains pour retrouver sa brebis parce qu'il sait qu'elle a besoin de lui.

Il y a ensuite la femme qui a perdu sa drachme. Quand on perd ses lunettes, son porte monnaie, on se demande où on a bien dû le poser et on cherche, on cherche. Des fois on trouve, des fois on ne trouve pas et c'est le drame. Comme je l'ai dit au début de ce texte, j'ai entendu dire que cette drachme n'est pas n'importe laquelle. Elle fait partie d'une couronne que l'on porte pour des fiançailles ou pour un mariage. Alors si la pièce est perdue, c'est vraiment la catastrophe, car les pièces, d'une couronne à l'autre sont différentes. La retrouver c'est vraiment vital. Car que fera ma fille si je ne peux pas lui transmettre cette couronne quand elle va se marier ? Et quand on la retrouve, même si on s'en veut d'avoir été négligent, même si on a l'impression qu'il y a comme cela des objets qui se sauvent tous seuls, quand on la retrouve enfin c'est le soulagement, car la pièce est restée dans la maison. Et oui, on va raconter cela à ses voisins et on fait la fête. Le manque, ici, permet le nettoyage en grand de la maison et cela c'est aussi une bonne chose. Et la joie se comprend. Mais est-ce que moi j'ai envie de faire le grand ménage ? Est ce que la perte me met en route, me déplace ? Car là encore, on a une figure active: la femme retourne tout parce qu'elle sait que la pièce s'est glissée quelque part dans la maison, et elle n'a de cesse que de l'avoir retrouvée. C'est une autre représentation de Dieu qui ne baisse pas les bras, qui ne se lamente pas, mais qui agit et qui envoie son fils pour retourner la terre et y retrouver les pièces perdues que sont ses enfants.

Quant au père de la parabole du fils dit prodigue, c'est complexe, parce que lui non seulement est confronté au manque lié au départ de son fils, mais va être confronté à un autre manque : découvrir que son ainé ne l'aime pas et lui en veut. On peut dire que contrairement aux deux autres paraboles, le père est en quelque sorte « passif »: il laisse l'autre faire son chemin, il n'est pas « directif », il attend, il est prêt, il accueille.

« Moi, j'ai, enfin j'avais deux fils. L'aîné me ressemble, le second c'est le portrait de sa mère et sa mère, elle est morte en le mettant au monde. J'aurais pu prendre une autre femme, je ne l'ai pas fait. Et à mon second, je ne sais rien refuser. Alors le jour où il a demandé sa part d'héritage, j'aurais dû dire non, parce que ce n' était pas juste par rapport à son aîné, mais j'ai cédé et mon fils je l'ai perdu. Il est parti mener grande vie m'a t on dit, et puis je n'ai plus eu de nouvelles, et j'attends. Je suis bien sûr qu'il a dû tout dépenser, et j'espère que cela le poussera à revenir vers moi, mais quand ?...Je suis un peu comme la mère de Tobit qui attendait tous les jours le retour de son fils. Le mien me manque, mais c'est de ma faute.. Qu'est ce que je voudrais qu'il revienne, qu'il me revienne ! L'autre, mon ainé, travaille a faire fructifier le sol, mais il ne me parle pas. Il m'en veut d'avoir cédé, mais comment lui expliquer que sa mère me manque tant et que maintenant son frère me manque. Lui, il travaille, il ne me demande rien, il vit sa vie et nous sommes l'un à côté de l'autre.

Aujourd'hui, je suis là, et j'attends. Et il me semble bien que mes yeux voient quelqu'un qui arrive vers ma propriété. Peut-être que c'est un journalier qui cherche du travail, peut–être que c'est un démarcheur qui veut me vendre quelque chose, mais là c'est à mon fils de se débrouiller avec. On dirait qu'il a du mal à marcher, il est tout courbé, et pourtant quand je le vois marcher, je reconnais la démarche de mon fils. Alors je cours vers cet homme qui est peut-être un étranger, mais tant pis si je me trompe. Et c'est lui, mais dans quel état... Il n'a que la peau sur les os, il est sale, il est pieds nus...

Mais c'est mon fils, et il me repousse presque en me disant qu'il a péché contre le ciel et contre moi (comme si je ne le savais pas), qu'il n'est plus digne d'être appelé mon fils (je comprends qu'il soit honteux), et qu'il veut être traité comme un de mes ouvriers (alors là, ça me fait mal, il est mon fils. Je comprends qu'il puisse dire cela, mais moi je ne peux pas l'accepter). Plus tard il me dira qu'il y a eu une famine dans la contrée où il était, qu'il en était réduit à garder les porcs d'un de ceux qui l'avaient déplumé au jeu, et qu'il s'était dit que tous comptes faits il serait mieux pour lui de revenir, de reconnaître qu'il avait tout loupé; qu'il ne se considérait plus comme mon fils, mais qu'il me demanderait de l'accueillir comme un serviteur.

Alors je l'embrasse, je le prends dans mes bras malgré sa crasse, malgré cette odeur qui fait penser à une odeur de porcs qui l'imprègne, et dès que nous arrivons à la maison, je demande à mes serviteurs d'en faire « un homme » si je puis dire. Je veux qu'il revête une belle tunique, un beau manteau, que ses pieds soient chaussés, et même qu'il porte une de mes bagues, car il est mon fils. Et je leur demande de préparer un festin, d'inviter tous nos amis car je suis dans la joie. Il est revenu celui qui était comme perdu.

Et nous avons fait une fête, une vraie fête, et il y avait de la musique, et des amis et de la joie. Et voilà que l'un de mes serviteurs vient me tirer par la manche pour me dire que mon aîné est dehors, qu'il est très en colère, qu'il veut me parler. Et oui, il est très en colère ; Il me reproche de dépenser des sous pour son vaurien de frère, alors que lui il n'a jamais fait la fête avec ses amis. Et là, je n'ai pas compris que lui soit resté comme un petit garçon, qu'il n'ait pas compris que ce qui était à moi était à lui. Je crois que c'est parce que je me suis trop enfermé dans mon chagrin pour m'occuper de lui, pour être avec lui. Il a été comme un intendant, il a tout fait fructifier, et moi je ne lui ai jamais dit merci. Seulement aujourd'hui, je ne veux pas qu'il me vole la joie des retrouvailles. Mais je me lèverai moi aussi et j'irai vers ce fils et je lui dirai « prends tout, et sois dans la joie ». Mais lui seul trouvera le moment.

Ce père, qui dans un tableau de Rembrandt est représenté avec deux mains différentes, un main d'homme et une main de femme, est certes le modèle de la miséricorde, et Jésus veut montrer combien Dieu est heureux quand un de ses enfants revient vers lui, mais aussi combien il est difficile de comprendre ce qu'est la miséricorde quand on veut faire de lui un Dieu de justice tel que nous la concevons, ce qui est le cas des pharisiens auxquels Jésus s'adresse.

Quand, pour accomplir ses desseins, Dieu a besoin d'un homme qu'il sait être pécheur, fût-il ou non pharisien, il sait comment s'y prendre. N'a-t-il pas renversé un certain Saul, pour en faire le témoin de l'amour qu'il nous donne au travers de son fils ?

M comme Murmure

*Ps 19 - Que les paroles de ma bouche, que le **murmure** de mon cœur, soient agréés en ta présence, Seigneur, mon roc mon défenseur.*

Dans le premier testament et même dans le second, ce mot est fréquent, et il traduit en général un début de révolte.

Dans l'Exode, le peuple qui en assez de ne pas avoir une nourriture comme celle qu'il connaissait en Egypte, murmure, et murmure tellement fort que Moïse prend peur. Murmurer, c'est se révolter, c'est grogner, c'est râler. Et le murmure, quand il s'amplifie, devient grondement et parfois révolution.

On retrouve un peu cette dimension dans les évangiles, où certains auditeurs "récriminent". Ce verbe est plus violent que murmurer, mais c'est la même idée. On n'est pas d'accord, alors on rouspète, on râle, on se fâche.

Mais pourtant il y a un autre sens, qui renvoie, lui, à la douceur. Il y a le murmure du vent, le murmure d'un ruisseau, le murmure du "fin silence" entendu par Elie à l'Horeb (1R 19,11). Ce murmure là est ténu; il est présent, il dit la vie, mais parfois il faut tendre l'oreille de son cœur pour l'entendre.

Il y a quelque temps, les deux derniers versets du psaume 19 se sont mis à chanter en moi: "*Que les paroles de ma bouche, que le murmure de mon cœur soient agréés en ta présence, Seigneur, mon roc, mon défenseur*".

Quand je dis chanter, je veux dire que les mots: "le murmure de mon cœur" m'ont donné à penser peut-être un peu autrement. Effectivement, quand je prie, je prie avec des mots, même s'ils ne sont pas prononcés à haute voix. Je prie avec les mots de la prière du cœur. Bien sûr ils sont répétitifs, mais curieusement parfois ils chantent.

Ces mots, j'espère que Dieu les entend, et en même temps je me dis que ces mots, comme un petit ruisseau, murmurent au cœur de Dieu en permanence, au delà des mots eux-mêmes.

Ce murmure de mon cœur, même si je ne suis pas explicitement en train de dire des mots de prière, il est là.

C'est comme si de fait l'Esprit Saint en moi, en agitant doucement l'eau du puits qui est en moi et où Il demeure, murmurait en permanence des mots que je ne connais pas, mais qui existent et qui se mêlent à d'autres murmures, et qui montent tout doucement vers cet ailleurs où repose celui que mon cœur aime. Pour reprendre encore le Cantique des Cantiques la phrase: je dors mais mon cœur veille, traduit ce que je ressens.

Même si je ne suis pas prise par un temps de relation avec le tout Autre, il y en en moi de l'eau qui coule; qui murmure, qui chante. Et quand j'en suis consciente, alors de la Joie vient en moi, et cette Joie c'est cadeau. Je veux dire que je sais qu'en moi il y a ce murmure, cette relation.

Alors oui, il y a en moi, et ce murmure qui se met si facilement en place quand ça ne va pas comme je le veux, et aussi cette "murmuration" en moi, au plus profond, qui me permet de moins murmurer et d'écouter ce silence dans lequel Dieu parfois parle.

O comme

O comme Offrandes

" *Offrez des **offrande**s justes et faites confiance au Seigneur* " Ps 4,6

C'est le psaume qui est lu toutes les semaines le samedi soir pour l'office des Complies. Avant de dire pourquoi j'ai choisi d'en parler, je voudrais le commenter très brièvement.

PSAUME : 4
2 Quand je crie, réponds-moi, Dieu, ma justice ! Toi qui me libères dans la détresse, pitié pour moi, écoute ma prière !
SI ce psaume est écrit par David, j'aime bien son interpellation à Dieu : Je crie, j'ai des ennuis, réponds-moi, car je sais que tu me libères quand je suis dans les ennuis (pour ne pas dire autre chose)

3 Fils des hommes, jusqu'où irez-vous dans l'insulte à ma gloire, l'amour du néant et la course au mensonge ?
Puis David interpelle ceux qui lui veulent du mal, (d'après les commentaires, les partisans de son fils Absalon) et il les attaque si l'on peut dire, ce qui permet à l'agressivité de s'exprimer en mots, ce qui en soi est très libérateur. Il n'y a pas de d'insultes, juste un constat.

4 Sachez que le Seigneur a mis à part son fidèle; le Seigneur entend quand je crie vers lui.
David rappelle que c'est lui qui a reçu l'onction, qui a été fait roi de Juda et d'Israël, et que le Seigneur est avec lui.

5 Mais vous, tremblez, ne péchez pas ; réfléchissez dans le secret, faites silence.

L'admonestation de David, nous pouvons l'entendre. Faire silence pour prendre le temps de passer du temps avec soi-même, prendre le temps, se remettre aussi en cause, ne pas être sûr de son bon droit..

6 Offrez les offrandes justes et faites confiance au Seigneur.

Offrir des offrandes qui soient agréées par le Seigneur, et lui faire confiance. Normalement c'est ce que fait David. Moi aujourd'hui qu'est ce que ce verset peut me dire ? Qu'est ce qu'une offrande « juste » ?

7 Beaucoup demandent : « Qui nous fera voir le bonheur ? » Sur nous, Seigneur, que s'illumine ton visage !
8 Tu mets dans mon cœur plus de joie que toutes leurs vendanges et leurs moissons.

Pour David, la quête du bonheur est peut-être une des caractéristiques de l'humain, mais sa réponse (et pourtant il en a obtenu des choses lors de son règne), c'est que seule la présence ressentie de Dieu donne le bonheur et que ce bonheur est au delà de ce que peuvent donner les réussites humaines.

9 Dans la paix moi aussi, je me couche et je dors, car tu me donnes d'habiter, Seigneur, seul, dans la confiance.

Le dernier verset montre que celui qui fait confiance en Dieu, ce qui doit être le cas de David qui est pourtant dans la tourmente, reste dans la paix.

C'est un psaume que j'ai toujours aimé, surtout le verset 8, pour lequel ça « chante « autrement pour moi : « *Tu as mis en mon cœur plus de joie qu'au jour où leur froment, leur vin nouveau, débordent* ».

Et j'aime cette notion d'abondance. Avoir en soi une joie plus grande qu'au moment de la récolte, au moment où la terre a donné son fruit, a tout donné, montre qu'il y a une joie qui est supérieure à celle liée à la possession, à la réussite et que cette Joie là est don de Dieu.

Seulement, en lisant ce psaume, le verset 6 d'un seul coup s'est fait mystérieux. Et quand je bute sur un mot, je sais par expérience que quelque chose doit se vivre en moi. Ce verset le voici : « *Offrez les offrandes justes et faites confiance au Seigneur* ». Ce verset je l'ai lu, relu, re-relu. Je l'ai même mis sur le bureau de mon ordinateur.

Et je me suis demandée si moi je pouvais offrir une offrande juste et faire confiance au Seigneur. Parce que je suppose que dans la perspective du psaume c'est parce que l'offrande est acceptée que la confiance peut naître. Les deux actions sont liées. Si quand David écrit ce psaume, tout va mal pour lui, et s'il s'adresse à ceux qui le laissent tomber, qui offrent à Dieu des sacrifices dont ce dernier ne veut pas, cela peut donner un éclairage; mais si je veux actualiser le psaume pour moi, cela ne m'apporte pas grand chose. Ce qui m'importe c'est mon aujourd'hui.

Si, du temps de David et durant bien des siècles, il était normal d'offrir des sacrifices aux dieux, pour se les concilier, les remercier ou les honorer, aujourd'hui, qu'est ce que je peux mettre, moi, sous ce mot offrande? Quel cadeau puis-je faire à Dieu, alors qu'il dit dans un psaume : « Si j'ai faim irai-je te le dire: tous les animaux sont à moi » ?

Et puis, si je peux faire un cadeau à quelqu'un que j'aime (ou n'aime pas), quand il s'agit de Dieu, du Tout Autre, de celui qui, comme c'est très poétiquement rapporté dans le Livre de Job, est le créateur des levers et des couchers du soleil, que peut-on lui offrir qu'il ne possède pas ? Quel est le trésor que nous pouvons lui offrir ?

Et pourtant, à chaque messe, on (le prêtre) offre au Père le corps du Fils, ce corps nouveau du Fils dans la Gloire; mais j'y reviendrai parce que je crois que le cadeau que m'a donné ce psaume se situe à ce niveau là.

Pour en revenir à la notion d'offrande « juste », ce qui m'est venu pour comprendre ce que cela signifie, c'est la notion d'une offrande ajustée à ce que Dieu attend. Car cette offrande, ce cadeau, c'est à Lui qu'on l'offre, mais comment savoir ce qu'il attend et que lui offrir?

J'ai alors repensé au début du livre de la Genèse: au chapitre 4 et aux offrandes des deux frères. Il y a des offrandes végétales de Caïn, et des offrandes animales d'Abel. Ces dernières sont en fait plus des sacrifices que des offrandes, car les bêtes sont tuées; elles sont réellement sacrifiées. Manifestement Dieu semble avoir une préférence pour l'offrande animale, qui est acceptée, alors que l'offrande de Caïn est rejetée. Une offrande est juste, l'autre ne l'est pas. Si on se réfère à ce qu'écrit Marie Balmay dans « La divine origine » pour comparer les deux offrandes, il semble évident qu'une des offrandes est faite avec le cœur, et l'autre pas. L'offrande de Caïn (et les rabbins expliquent cela très bien), est faite à contrecœur, et elle est refusée ; cette offrande n'était pas une offrande juste. Si le péché a pour signification « manquer sa cible », d'emblée cette offrande là, qui manque sa cible, c'est à dire la relation avec Dieu, cette offrande « pas acceptée » renvoie au péché, et le dialogue de YHWH avec Caïn se comprend encore mieux. Mais cela me renvoie à mon questionnement: qu'est ce qu'une offrande juste ?

Si je prends la différence entre les deux dons, il semble que l'offrande ou le sacrifice juste est quelque chose qui est donné avec son cœur, dans l'idée de donner le meilleur et de le donner avec plaisir et avec joie.

Il y a dans le psaume 50 un verset qui conclut en partie le psaume et qui dit : « *d'un cœur broyé, brisé tu n'as pas de mépris* ». Donc l'offrande va avec ce qui se passe dans le cœur et ce cœur on peut l'offrir, enfin en principe, parce que moi qui me sens toujours les mains vides, qu'est ce que je peux offrir ?

Quelque chose s'est alors passé pour moi, quelque chose dont je peux témoigner ici. Quand on participe à l'eucharistie le prêtre offre à Dieu, le pain et le vin (le froment et le raisin comme dans le psaume), puis il demande que l'Esprit Saint fasse de ces offrandes le corps et le sang du Fils. Le prêtre étend les mains sur les offrandes, et demande à l'Esprit Saint de transformer ces « espèces naturelles » en autre chose à savoir la présence du Fils dans son corps de ressuscité. Or en participant à une eucharistie matinale au Prieuré d'Etiolles, où nous nous mettons en cercle autour de l'autel, au moment où le prêtre a prononcé ces paroles, je me suis dit que je ne voyais pas pourquoi l'Esprit Saint se cantonnerait au pain et au vin, parce qu'Il souffle où Il le veut, et pourquoi Il ne ferait pas de nous à ce moment là comme des petits morceaux de Celui dont nous célébrons la présence.

Dans cette optique de partage, je me dis que ce qui est offert à la messe, au Dieu que nous nommons Père, est une offrande juste. Et nous pouvons le louer de nous accepter avec notre pauvre cœur, parce que notre pauvre cœur est comme assimilé à celui de son Fils et que ce cœur là est parfait.

Il a fallu presqu'un mois de « remâchage » de ce verset, d'écriture et de réécriture, pour qu'il s'imprime en moi. Que grâces soient rendues, car il y a eu en mon cœur plus de joie qu'au jour où le vin nouveau déborde !

O comme Ombre

Lc 1, 35: "l'Esprit Saint viendra sur toi et le très haut de couvrira de son ombre, c'est pourquoi celui qui va naitre de toi sera appelé Fils de Dieu".

Quand l'Ange Gabriel s'adresse à Marie, il lui dit (Lc 1,35): "*L'Esprit Saint viendra sur toi, et le très haut de couvrira de son ombre; c'est pourquoi celui qui va naitre en toi sera appelé Fils de Dieu"*.

Dans un premier temps, je me disais que dans cette formulation, c'est le Fils qui procède du Père et de l'Esprit, et que l'Esprit Saint, le souffle (sagesse, puissance, force), est là depuis le début. Puis je me suis posée des questions sur cette formulation: "couvrir de son ombre".

Pardonnez-moi pour la vulgarité, mais cette expression, "couvrir..", dans notre parler, renvoie à la sexualité. Le mâle couvre la femelle et engendre ainsi un rejeton. Est-ce cela que veut dire l'Ange à cette jeune fille qui serait dans l'attente d'un nouveau messie, d'un roi qui redonnerait enfin à Israël sa force et son pouvoir, puisque d'après les écritures, le temps est favorable? Alors ce mot "ombre", à quoi peut-il me renvoyer aujourd'hui?

- Il est certain que dans le livre de l'Exode, la nuée qui est nuit (ombre dans la journée) mais lumière dans la nuit, représente la présence de Dieu. Mais cette ombre est juste là pour rappeler que Dieu est là. Ombre omniprésente, qui dirige.

- Si on va dans le psautier, on trouve le psaume 91, qui commence par ces mots: "*Qui demeure à l'abri du Très-Haut, et loge à l'ombre du Puissant*", et qui continue au verset 4 par: "*Il te couvre de ses ailes, tu as sous son pennage un abri*". Être à l'ombre des ailes évoque la protection, avec la notion de la proximité.

- Dans le petit livre de Jonas, l'ombre du ricin protège de la chaleur, de la trop grande force du soleil. Elle permet de se sentir bien. Si elle disparaît (et c'est l'expérience de Jonas), alors on peut presque dire que c'est l'enfer: ça brûle, ça détruit, ça fait mourir.

- Enfin, si on va dans les actes de Apôtres (Ac 5,17), il est dit que *les personnes malades essayent d'être touchées par l'ombre de Pierre quand il va prier au Temple*, et dans cette image, l'ombre, qui est de fait inséparable de la personne, a de très grands pouvoirs, non seulement de protection, mais de guérison et donc de vie. Or l'ombre de Pierre, c'est d'une certaine manière la présence agissant du Ressuscité en lui.

Dieu, nul ne peut le voir sans mourir est-il dit dans la Bible, mais son ombre, elle, reste visible pour nous, et elle a des pouvoirs que nous oublions peut-être. Dire que Jésus serait l'ombre du Père est certainement un peu exagéré, mais Jésus n'a-t-il pas dit "Qui me voit, voit le Père". Et l'ombre du Père est sur lui, en particulier lors de la Transfiguration. L'ombre est alors présence qui se révèle et qui est agissante.

L'ombre a une double valence: soit elle est positive (l'ombre des arbres est bonne), soit elle est négative et renvoie à la perte, à la mort: quand un homme devient l'ombre de lui-même, c'est comme s'il perdait sa stature tridimensionnelle pour devenir bidimensionnelle et perdre ce qui fait sa force. Il y a aussi cette ombre "maléfique" qui est en nous, ce personnage d'ombre (celui que Jacob a rencontré un soir et une nuit) qu'il nous faut à la fois combattre, apprivoiser et regarder en face, car il est nous; et cette ombre qui nous accompagne dès que le soleil se montre et la révèle..

Pour en revenir au texte lucanien, je pense qu'en en mettant en parallèle cette ombre qui appartient au Très Haut et cette ombre guérissante de Pierre, on peut comprendre que la toute puissance de Dieu ne peut se manifester que sous cette forme acceptable pour nous, à savoir l'ombre de lui-même.

C'est sous la forme d'un petit d'homme que la Présence de Dieu va se manifester et continuer à se manifester.

Se laisser happer par cette ombre, qui s'incarne ainsi, peut nous permettre alors, en l'incorporant, sans jamais l'incorporer pleinement, de devenir nous aussi image du Tout Autre.

P comme

P comme Parole

Luc 10,4 Dans toute maison où vous entrerez, dites Paix à cette maison.

Ces versets figurent dans l'évangile qui sera lu dimanche prochain. C'est ce que doit faire tout envoyé de Jésus quand il pénètre dans une maison, la première des choses à faire. Il s'agit de donner une parole.

La parole, c'est comme un souffle. Elle va vers l'autre, et c'est ce qui se passe quand le disciple appelle la Paix à entrer dans cette maison. Elle est comme un oiseau. Soit elle va se poser, se reposer sur celui qui veut la recevoir et elle agit en lui, soit elle revient doucement, comme un oiseau dans son nid, si elle n'a pas pu se nider ailleurs.

Mais la parole ne se perd pas.

C'est cette image de la parole oiseau (Esprit Saint) qui m'a effleurée pendant la lecture de ce verset.

P comme Pêcheur/ Pasteur

Quand Jésus appelle Pierre à le suivre, nous savons que, laissant là sa barque, il le suit. Il abandonne son métier de pêcheur pour devenir disciple, avec la promesse de devenir pêcheur d'hommes, ce qui n'a peut-être pas voulu dire grand chose pour lui.

Un pêcheur, surtout avec un filet, ne se soucie pas des poissons qui viennent se prendre dans les mailles; ce qui compte, c'est le nombre de poissons, voire leur espèce pour les vendre ensuite; il n'y a aucune relation entre le pêcheur et le produit de sa pêche.

Peut-être que si Jésus dit qu'il en fera un pêcheur d'hommes, cela peut signifier (cela m'avait été expliqué lors d'une homélie) que Pierre aura à sortir les poissons de l'eau, à les trier, et à les mettre dans un bassin d'eau fraîche. Là au moins il ne s'agit plus de consommation mais d'autre chose: les mettre dans un bon milieu.

Par ailleurs, dans les évangiles et dans le premier testament, le milieu aqueux n'a pas très bonne réputation: il est le lieu des forces du mal. Alors, ce qui est signifié à Simon lors de son appel au bord du lac c'est : tu vas aider des hommes à sortir du péché, du malheur. Pour cela, il lui est proposé aussi un changement de nom: de Simon il va passer à Pierre.

Être pasteur est une image gratifiante, et Jésus nous dit que "*ses brebis écoutent sa voix, que ses brebis le connaissent*" (Jn 10), bref il y a une véritable relation entre les brebis et leur pasteur. Et c'est cela qui va être proposé par trois fois à Simon fils de Jean sur les bords du lac, au petit matin.

Si Jésus donne à Pierre ce rôle d'être celui qui fait paitre (qui donne le lieu où la nourriture est bonne et qui est protecteur), s'il le fait passer de pêcheur de poisson (sortir un filet de l'eau) à celui de berger, c'est que Simon Pierre, par ce qu'il a vécu pendant le procès, la mort et la résurrection, est devenu autre. Ce changement lui permettant de devenir la pierre, sur laquelle Jésus peut s'appuyer.

P comme Porte

*"Voici, je me tiens à la porte et je frappe. SI quelqu'un entend ma voix et ouvre la **porte**, j'entrerai chez lui pour souper, moi près de lui et lui près de moi."* (Ap 3,20)

"Voici que je me tiens à la porte"
Certains tableaux représentent Jésus devant une porte qui ne s'ouvre que de l'intérieur. Comme il est question de souper, nous supposons qu'il s'agit du soir, et que ce qui nous est proposé serait un peu comme une répétition de ce qui s'est passé avec les disciples d'Emmaüs: "Reste avec nous il se fait tard". Mais je me suis demandé si cette manière de voir ce verset n'était pas un peu faussée. Je veux

dire que pour nous, surtout en France, le souper est un repas du soir, mais c'est loin d'être le cas des autres pays francophones. Alors peut-être que j'aimerais remplacer souper par repas et non pas par "cène" (qui est effectivement un repas pris le soir, après le coucher du soleil) comme le propose la traduction de la TOB.

" Et je frappe"
Reprenons la scène: il y a quelqu'un qui toque à la porte. Là je me demande si c'est ma porte, celle de ma maison, donc qu'il s'agit d'une relation individuelle qui m'est proposée (ouvrir ou ne pas ouvrir), ou si c'est d'une autre porte qu'il s'agit, par exemple la porte d'une ville (me voici devant tes portes Jérusalem - Ps 121); là ce serait davantage à un niveau collectif. Qui ouvrira? Jésus trouvera-t-il la foi sur la terre? Car ouvrir, c'est faire confiance. Et dans ce chapitre 3 de l'Apocalypse, ces lettres aux Eglises ne sont pas tendres. Alors aurons-nous le désir d'ouvrir ou de rester entre nous, bien au chaud dans nos différentes églises?

"Si quelqu'un entend ma voix et ouvre la porte"
Alors, là c'est le problème... J'ai ouvert la porte, mais le repas n'est pas prêt, il n'y a rien, parce que ce jour-là je n'avais pas envie de faire à manger. Alors qu'est ce que je vais offrir? Et là j'ai imaginé, en entendant ce verset, que les choses pouvaient se passer différemment de ce que nous souffle la tradition, à savoir offrir un repas à celui qui est dehors. Je veux dire que si j'ouvre la porte, parce que j'ai reconnu sa voix, celui qui entre apporte à manger. Jésus ne l'a-t-il pas fait avec ses disciples, au petit matin, au bord du lac, alors qu'ils n'avaient rien pris de la nuit (Jean 21)? C'est lui qui les a appelés et qui a tout préparé. Alors oui, je pense que Jésus n'arrivera pas les mains vides.

Il ouvrira son sac, il posera les provisions sur la table, peut-être juste du pain et du vin, peut-être du fromage, peut-être du poisson; nous serons ensemble pour partager. Et ma joie sera parfaite, comme cela est suggéré dans le discours après la Cène dans l'évangile de Jean. Ce sera la joie de l'abondance du don reçu. Voir les choses comme cela permet de passer du faire et de l'agir, au recevoir, à l'être avec.

Et pour conclure.
J'ai voulu associer ce verset de l'Apocalypse qui commence par une affirmation: "Voici que je me tiens à la porte et que je frappe", qui est suivie par une phrase qui commence avec un si: "si quelqu'un écoute ma voix..", avec une autre phrase de l'évangile de Jean (Jn14,23) dans laquelle on trouve aussi un si: "si quelqu'un m'aime, mon père l'aimera et nous viendrons en lui et nous ferons en lui notre demeure".

Si quelqu'un entend ma voix et ouvre la porte, j'entrerai chez lui (faire sa demeure) moi près de lui et lui près de moi.
Ne peut-on pas penser que cette relation là, c'est celle qui nous sort de l'isolement, de la solitude, de la peur? Encore faut-il ouvrir la porte à l'inconnu. Est ce que Noël ça ne serait pas ça?

P comme Poutre
Mt 7, 1-5

Quand j'étais beaucoup plus jeune, je n'arrivais pas à me représenter l'image d'un œil d'où émergeait une poutre dont on voyait la base carrée sortir, et celle d'un œil avec une paille plantée un peu comme dans un verre de soda. Peut-être faut il voir cette poutre à l'extérieur de l'œil comme un obstacle au "bien voir", ou comme une sorte de brouillard épais, qui permet certes de voir un peu, mais qui déforme.

Aujourd'hui, je ne peux toujours pas me représenter les choses, mais pour avoir été opérée d'une cataracte, qui fait que même si l'on ne voit pas bien on ne s'en rend pas vraiment compte, je sais que ce n'est qu'après l'intervention que l'on découvre brusquement que chez soi ce n'est pas si propre que ça; et donc que l'on ne peut pas se fier à ce que l'on voit.

Et de même qu'il est impossible de se guérir tout seul, il est à mon avis impossible d'enlever la poutre qui est dans son œil, cette poutre qui obscurcit la vision et fait que l'on déforme ce que l'on perçoit de l'autre.

R comme

R comme Retour

*Luc 18, 9-14 : Quand le publicain **rentra** chez lui ...*

Souvent c'est quand on retourne chez soi qu'il se passe quelque chose. J'aime ces guérisons en deux temps...

Quand le publicain redescendit dans sa maison, il était devenu un homme juste. Il y a eu pour moi la phrase "redescendit dans sa maison", un peu comme l'homme qui descend de Jérusalem à

Jéricho. Il vient du temple qui est sur les hauteurs, et il redescend pour aller vers chez lui, et la maison c'est autant le lieu où il se rend, que son intérieur, son âme. Et c'est comme ça souvent sur le chemin du retour que quelque chose se passe, ce n'est pas dans l'immédiateté de la prière, mais dans l'après-coup. De même que l'aveugle-né qui va à Siloé, qui se lave les yeux, n'est guéri que pendant son retour. J'aime beaucoup cette non immédiateté, un peu comme si durant ces temps, Dieu était là et cheminait avec celui qui va le découvrir dans la lumière.

En d'autres termes, avant de juger l'autre, il me faut me demander si mon jugement n'est pas faussé, et donc demander à l'Esprit Saint de faire son travail: de m'éclairer et d'enlever ce qui altère ma vision. Le désir de Paul dans la deuxième épitre aux Corinthiens reste le mien: "Je connaitrai comme je suis connu", mais cela ne peut se faire que dans un futur, et avec le passage de la mort à la vie.

R comme Royaume

*Jn 3, 3-5 Voir **le Royaume**, entrer dans **le Royaume***

À moins de naître d'en haut, on ne peut voir le Royaume (Jn 3,3)
À moins d'être né de l'eau et de l'esprit, on ne peut entrer dans le Royaume (Jn 3,5)

Le début du chapitre 3 de l'évangile de Jean, l'entretien avec Nicodème, mentionne deux fois le mot royaume. C'est Jésus qui prend l'initiative d'employer ce mot qui est sinon pratiquement inconnu dans cet évangile. On ne le retrouve que lors de l'interrogatoire avec Pilate en Jn 18,36 :" Si mon royaume était de ce monde ", mais souvent ce mot royaume y est remplacé par royauté. Dans l'évangile de Matthieu, ce même mot est employé 48 fois...

Si on reprend un peu ce qui s'est passé avant, Jean nous montre un Jésus qui a reçu le baptême de Jean, qui a changé l'eau en vin à Cana, qui est allé à Jérusalem et y demeure, et qui a chassé les vendeurs du Temple. Il semble bien que ce jeune prophète qui parle bien, mais qui parle haut et fort, pose question à Nicodème qui voudrait « comprendre » de quoi parle cet homme, et s'il ne serait pas celui que l'on attend, le libérateur. Seulement on ne peut pas dire que Jésus remplisse les critères, et si Nicodème va lui-même chez Jésus de nuit (la peur des autres, de ne plus être considéré comme un « bon » pharisien, ou la peur de devoir changer sa manière de croire et de pratiquer la loi, la peur d'être vu avec Jésus), c'est bien parce qu'il se pose des questions sur qui est ce jeune homme, qui a tant d'assurance alors qu'il n'a même pas quarante ans, qui est quand même très respectueux de la Torah puisqu'il vient au Temple pour y prier comme cela est demandé par la Loi, et qui est rempli d'une colère qui est peut-être aussi celle de Nicodème quand il voit le trafic qui se fait dans le Temple.

Le verset 3 est en partie censé répondre à la salutation de Nicodème, qui est venu voir Jésus (c'est lui qui s'est déplacé) et le reconnaît comme un Rabbi (enseignant de la Torah) venant de la part de Dieu, et accomplissant des signes qui prouvent que Dieu est avec lui. Ce verset « *Amen Amen je te le dis* (ce qui est une affirmation solennelle), *à moins de naître d'en haut, on ne peut voir le royaume de Dieu* », est quand même désarçonnant.

il est difficile de savoir si Jésus parle de lui, où s'il répond au désir profond de Nicodème (et à notre désir) de voir le Royaume. Manifestement Nicodème, prend les choses pour lui, parce que s'il prend le risque d'aller voir Jésus, c'est qu'il y a son désir à Lui, en découvrant qui est Jésus, de découvrir ce qui habite cet homme et de devenir son disciple. Mais est-ce si simple quand on est un notable?

Alors la question de Nicodème traduit peut-être un certain désespoir. Comment naître d'en haut, comment renaître ? On ne peut pas revenir dans le ventre de sa mère; c'est impensable, en tous les cas pour lui.

C'est un peu comme s'il disait à Jésus que c'est fou ce qu'il propose. Peut-être que Lui Jésus est né d'en haut (et c'est ce que Jésus fera comprendre par la suite), mais lui, le pauvre Nicodème, comment va-t-il s'y prendre, alors qu'il sent bien que cet homme là est possédé par quelque chose qui est radicalement différent et qu'il aimerait tant avoir - avoir pour « voir », pour contempler, pour être un peu comme Isaïe ou ces prophètes qui ont vu et contemplé la Gloire de Dieu.

Le verset 5 complète la première affirmation, toutefois il ne s'agit plus de voir, mais d'entrer : « *Amen Amen je te le dis, personne à moins d'être né de l'Eau et de l'Esprit, ne peut entrer dans le royaume de Dieu* »

Jésus, lors du baptême de Jean, est si l'on peut dire né de l'eau et de l'Esprit. L'esprit, le souffle, est don de Dieu. On ne peut pas se donner ce souffle tout seul. Il est donné par un autre, et cet autre c'est Jésus qui le donnera mais bien plus tard; sauf que dans le présent de Nicodème, la parole en tant que telle, la parole qui est souffle, est déjà transformante.

Entrer dans le royaume nécessite une transformation. Pour entrer dans le royaume, la loi ne suffit pas, ou ne suffit plus. Quand Jésus affirme « *le vent souffle où il veut, tu entends sa voix mais tu ne sais pas d'où il vient et où il va* », peut-être parle-t-il de lui, qui est celui qui donne le souffle, mais aussi de nous : nous entendons sa voix; et entendre la voix transforme, même si la connaissance du phénomène qui crée le vent, nous ne l'avons pas.

Ce désir de voir le royaume, d'entrer dans le royaume, je pense qu'il est le nôtre, en tous les cas le mien. Ce que dit Jésus dans la suite du texte, et qu'il développera tout au long de cet évangile, c'est qu'il est celui qui est. C'est la foi en lui qui, en changeant un peu le cœur profond, permet aussi de changer son regard, de passer de l'obéissance à l'amour (de passer du faire à l'être), et d'obtenir la vie éternelle.

Parce que le royaume c'est peut-être cela ; non pas vivre éternellement, juste pour ne pas être plus fort que la mort, mais vivre dans ce présent et dans cet ailleurs qui est la brise légère de la présence de Dieu, hors de soi et en soi.

S comme

S comme Saisi

Ph 3,12 : Comme j'ai moi-même été saisi par le Christ

Le prêtre qui commentait ce magnifique de texte de l'épitre aux Philippiens disait que Paul avait été saisi, sur la route de Damas, comme on est pris par la main de quelqu'un qui vient pour vous attraper, pour vous sauver.

Pour ma part je pense à un autre sens de ce verbe. Il arrive quand on voit par exemple un coucher ou un lever de soleil que l'on soit saisi par ce que l'on voit.

On est alors saisi par quelque chose qui vous dessaisit de vous-même durant un certain temps. On est soi, mais on n'est plus soi, et cet émerveillement, ce dessaisissement, laisse-en soi une trace qui ne s'efface pas.

Je pense que c'est plutôt de cela qu'il s'agit. Paul n'avait rien demandé, il n'avait pas conscience de faire quelque chose de mal, il n'avait pas besoin d'une main qui le saisisse et le sauve des grandes eaux, non il avait besoin que quelque chose vienne le déloger de lui-même, de ses certitudes, de son savoir, le mette en quelque sorte à côté de lui pour que celui qui le saisissait puisse avoir toute la place.

J'ai souvenir d'un livre: "laissez vous saisir par le Christ". C'est un livre que j'ai bien aimé, mais le souvenir que j'en ai, c'est un certain volontarisme: tendre sa main pour attraper la main tendue de Jésus. Le saisissement dont parle Paul n'est pas volontaire. Paul ne demande pas la foi; il vit quelque chose qui le dessaisit de lui-même, de ses certitudes, peut être même de ce qu'il est à ce moment là. Ce dessaisissement, cette expérience, est donné une fois pour toutes. Il vous transforme (il vous transfigure), même si par la suite il est nécessaire de poursuivre sa course.

S comme Serviteur

Luc 17, 7-10 : le serviteur qui n'a fait que son devoir

Le dernier verset de cette petite histoire a longtemps été traduit par serviteur inutile ou serviteur quelconque, ce qui somme toute est peu agréable.

Le mot employé dans le texte pour dire serviteur est de fait le mot "esclave", et il est bien évident qu'un maitre attend que son esclave lui obéisse et n'a aucune reconnaissance envers ce dernier. L'esclave est là pour ça. Il suffit de penser à ces séries anglaises où l'on voit la place des domestiques.. Ils sont debout de 5h du matin à 23h le soir et jamais personne ne leur dit merci. Avoir le gîte et le couvert, c'est bien assez!

En réfléchissant à ce texte, je me disais que Jésus à la fois parle de lui, lui qui est le serviteur, mais qu'il dit aussi à ceux qui l'écoutent de ne pas se "glorifier" d'être ses disciples parce que lui est différent des autres rabbis. Certes, lui participe à des repas et y prend plaisir, lui s'occupe parfois de leur fatigue, mais ils sont des disciples, point à la ligne.

En quelque sorte, même si Jésus est un maître qui semble différent, qui semble prendre soin de ses disciples il leur demande quand même des choses bien difficiles, en particulier de pardonner jusqu'à soixante-dix-sept fois sept fois. Il me semble qu'il essaie de leur faire comprendre que celui qui est appelé n'a pas, pardon pour l'expression, à péter plus haut que son cul... Il est comme tout disciple qui a choisi de suivre un maître. C'est sûr que si l'on pense que l'on est choisi par celui qui est le Messie, donc le nouveau Roi, il y a de quoi s'enorgueillir.

SI on regarde le texte, on peut comprendre que ce que Jésus demande donc à ses disciples, c'est d'une part de s'occuper le la moisson (l'évangélisation pourrait-on dire): le travail au dehors, dans les champs; et d'autre part, de s'occuper de lui (préparer le repas, et servir). Et cela ce peut être le temps de la prière, de l'étude, de la contemplation. Tout cela c'est normal, il n'y a pas à se glorifier pour cela, d'autant que c'est ce que Jésus a pratiqué. En effet, dès le début des évangiles, nous voyons Jésus enseigner, guérir (le travail aux champs), puis passer la nuit avec son Père (prier, se nourrir de sa présence, de sa parole). En cela il nous montre ce qu'est le serviteur et il nous engage à faire de même.

Alors nous ne sommes peut-être pas des serviteurs quelconques, car Dieu nous connait par notre nom et nous a choisis, nous ne sommes peut-être pas des serviteurs inutiles, même si parfois nous pensons que d'autres pourraient faire beaucoup mieux; nous sommes juste des serviteurs. Finalement nous sommes dans l'intimité du maitre, et si nous sommes fidèles nous pourrons entrer dans sa Joie. Et là nous ne serons plus des quelconques ou des inutiles, mais des amis.

R comme

R comme Raison
*Mc 3, 21 : Il a perdu **la raison***

20 Puis il revient à la maison, et la foule se rassemble encore : ils ne pouvaient pas même manger. 21 À cette nouvelle, les gens de sa parenté sortirent pour se saisir de lui, car ils disaient : Il a perdu la raison. Traduction NBS.

Ce court morceau d'évangile semble montrer que la parenté de Jésus vit très mal, et même très très mal, d'avoir un prophète et un guérisseur comme parent. Elle va même jusqu'à penser qu'il a perdu la raison, donc qu'il est fou. Et un fou, ça s'enferme..

Très souvent de nos jours, quand dans une famille on déclare qu'un membre adulte est fou - ce qui doit permettre de pouvoir le faire enfermer, donc à le mettre hors circuit en toute légalité -, c'est que cette personne est source de peur ou d'angoisse pour la famille, qu'elle est un danger, ou que sa famille la considère comme dangereuse pour l'équilibre du groupe.

Eviter la honte dans une famille est fondamental pour l'unité du groupe. Alors faire passer l'autre pour fou, le ramener à Nazareth pour le garder sous contrôle, est une solution. Mais mettre la main sur lui, la famille ne le pourra pas. La réponse que Jésus fera quand sa mère et ses frères demandent à lui parler (Mc 3, 31-35),« *ma mère et mes frères sont ceux qui écoutent la volonté de Dieu* », montre bien la rupture. Jésus désormais a une autre parenté, plus large que la parenté biologique à laquelle il ne reconnaît plus de droits sur lui.

Si on reprend le texte, il est quand même très étonnant que la parenté de Jésus s'émeuve pour si peu de choses : « ne pas prendre le temps de manger » ! Qu'est ce que cela peut faire qu'un adulte saute son repas et le fasse sauter aux autres ? Cela semble vraiment être un faux prétexte. Et le terme « se saisir de lui » est très fort. Il s'agit bien de faire taire ce membre de la famille qui fait beaucoup trop de bruit. Et du bruit, si on reprend le chapitre 3 de Marc, Jésus en fait en guérissant un jour de Sabbat, en expulsant les démons, en se mettant à la tête d'un groupe de disciples. Oui, il fait peur celui-là.

De quoi la famille de Jésus peut-elle avoir peur ? Bien entendu, compte tenu du climat politique qui règne, Jésus peut se faire arrêter, comme Jean le Baptiste, et sa famille peut aussi le suivre dans les geôles d'Hérode. Cette peur là est relativement légitime, mais montre qu'ils n'ont pas compris que Jésus a une mission.

Mais surtout, il y a un secret de famille à cacher: ces esprits qui disent que Jésus est le Fils de Dieu font certainement beaucoup de bruit; et les rumeurs, ça va vite. Alors, de qui Jésus est-il le fils? Quelle est la filiation de Jésus ? S'il n'est pas le fils de Joseph, cela doit impérativement être tu. Marie risquerait d'être lapidée, mais surtout ce serait la honte pour toute la famille, et la honte c'est insupportable. Alors il vaut mieux que Jésus stoppe sa mission, se taise, rentre dans le rang, et que plus personne ne l'entende.

Mais la honte adviendra si l'on peut dire; car par sa mort honteuse, la famille de Jésus ne peut être que disqualifiée aux yeux de tous. Mais cette honte, par la résurrection et l'envoi de l'Esprit, se transformera en Gloire; et la prophétie de Siméon (Luc 2, 32) « lumière pour la révélation aux païens et gloire d'Israël ton peuple » sera pleinement réalisée.

R comme Raison.

Marc 3, 21-31 : une autre relecture.

Si on pense que les écrits des évangélistes sont des catéchèses qui s'adressent à ceux, juifs ou païens, qui ont choisi de croire que Jésus est le messie, alors on peut lire les versets qui terminent ce chapitre 3 un peu autrement. Comme si ces versets, qui viennent après le choix de apôtres, disaient qu'ils ont été eux aussi choisis, et que ce que Jésus a vécu, ils le vivront aussi.

Versets 20-21 Quand la parentèle de Jésus vient le chercher pour le ramener à la maison, cela revient à dire: vos proches vont penser que vous êtes fous, ils voudront vous faire taire. C'est normal, vous devez vous attendre à cela, mais ne les suivez pas.

Versets 22-29 Quand les autorités religieuses accusent Jésus de faire des miracles parce qu'il est possédé, cela revient à dire que les autorités religieuses vous condamneront, vous excluront. Mais ce sont eux qui s'excluent du Salut, car ils refusent de voir la Présence du Saint.

Versets 30-31 Quand enfin Jésus, en regardant ses disciples, affirme qu'eux sont sa famille, parce qu'ils l'écoutent et mettent ses paroles en pratique, cela revient à dire que désormais les disciples ne sont pas seuls, qu'ils ont une place importante auprès de Lui, et qu'ils ne doivent pas avoir peur, mais être dans la paix et la joie. Pouvoir se dire qu'on est le frère, la sœur ou la mère de Jésus, ce n'est pas rien.

S comme

S comme Surmoi

Le Surmoi de Jésus

Quand je lis les évangiles synoptiques, je suis toujours surprise par la place que prennent les scribes et les pharisiens. J'ai l'impression qu'ils sont partout, prêts à surveiller, à critiquer, à rabaisser.

Et ce chœur de critiques me fait un peu penser au Surmoi: « tu as vu tes disciples, pourquoi les laisses tu faire? » Et c'est un véritable chœur, qui scande les actes de Jésus.

Pourtant, Jésus le sait, qu'il faut se laver les mains avant de se mettre à table; qu'il ne faut pas poser un certain nombre d'actions pendant le Shabbat; que les publicains ne sont pas recommandables; qu'on ne touche pas un lépreux, une femme qui perd du sang, un mort. Et pourtant...

On peut penser que Jésus a eu une bonne éducation, lui qui a été soumis à ses parents, il sait tout cela.

Parfois je m'imagine Jésus en train de penser: mes disciples sont en train de froisser des épis dans leurs mains, ils ne devraient pas, mais ils ont faim, alors qu'est ce que ça peut faire.. Et là dessus le chœur des pharisiens renforce la pensée fugitive.

Mais le Moi de Jésus, le Moi qui est en relation avec le Père, renvoie le Surmoi à sa place et ne le laisse pas bâillonner la bonne nouvelle.

Un jour le Surmoi semblera être vainqueur, mais le Moi jaillira libre.

T comme

T comme Tentations
Luc 4, 1-12

Je me disais ce matin, en relisant l'évangile des "tentations", que parler du diable c'est parler de ce qui se passe en soi: de ces pensées qui vont et qui viennent, qui sèment le doute.

On peut incarner ces pensées en les mettant comme en dehors de soi, sur le dos de cet être malin, mais est ce que ce ne sont pas nos propres pensées, nos propres doutes?

Je me disais que Jésus, après avoir été nommé lors de son baptême " Fils Bien Aimé", a peut- être pu se poser des questions sur ce que cela pouvait vouloir dire de devenir le Messie, le Roi d'Israël.

Le rôle d'un roi, c'est de nourrir le peuple, de ne pas le laisser mourir de faim. Alors si Jésus peut transformer les pierres en pain, le peuple sera heureux. Oui, mais ce n'est pas de ce pain là que le peuple a besoin, mais de la parole.

Le rôle d'un roi c'est de gagner des guerres, de vaincre les autres, de laisser la violence régner. Oui, Jésus gagnera des royaumes parce que tout homme est un royaume, et il les gagnera par l'amour, pas par la force ou la violence. L'alliance ne se fera pas avec la violence mais avec l'amour.

Enfin un roi se doit de demeurer, d'avoir une descendance ou, pour le dire autrement, d'être immortel. Cela, c'est la tentation de se jeter du pinacle du Temple. Oui Jésus se jettera bien du pinacle du Temple, mais il passera par la mort, et ce n'est que par ce passage que la vie éternelle sera donnée à tous.

Peu importe l'ordre dans lequel ces pensées aient assiégées Jésus, mais elles ont du être là, comme elles peuvent être là pour nous. A nous de nous servir de ses paroles à Lui pour ne pas nous laisser submerger par la violence, par le pouvoir, par la toute puissance.

V comme

V comme Vérité :
Jn 3, 21 : faire la vérité

"Faire la vérité" est une phrase qui m'a toujours fascinée. Elle est en Jn 3,21 (traduction de la BJ), quand Jésus s'adresse à Nicodème: "Celui qui fait la vérité vient à la lumière"; mais on la trouve aussi dans la première épitre de Jean, 1,6 "Si nous disons : « Nous sommes en communion avec lui », tout en marchant dans les ténèbres, nous mentons, et nous ne faisons pas la vérité."

J'ai toujours associé cette phrase "faire la vérité" avec ce que Françoise Dolto a pu écrire sur le "parler vrai". C'est ce que j'ai toujours essayé de faire dans ma vie professionnelle: ne pas mentir, ne pas faire de faux semblants, dire ce qu'il en est. Parfois certes ne pas tout dire, parce que la vérité ne se dit pas n'importe où, n'importe quand et n'importe comment; mais la dire, pour être dans le vrai avec ceux qui sont là, ceux qui sont dans la souffrance, dans le doute, dans la mort. Et quand on fait cela, on pose bien un acte volontaire, on fait quelque chose pour soi, mais aussi pour l'autre et avec l'autre, et on reçoit quelque chose de l'autre. Faire la vérité, c'est être dans la relation, et c'est permettre à l'autre de dire, de se dire.

Alors, faire la vérité, c'est faire quelque chose qui va vers la lumière. Simplement parler vrai, c'est déjà considérer l'autre comme un égal, comme un frère, comme une personne; c'est sortir d'un regard qui abaisse ou qui abîme.

Ce que je veux souligner, c'est que dans mon expérience, faire la vérité met aussi quelque chose en route chez l'autre, celui avec lequel on essaie d'être en vérité. Et de ce fait, on reçoit quelque chose de lui.

En d'autres termes, faire la vérité quand il s'agit de Dieu (ou du Tout Autre) fait que cela met aussi quelque chose en branle du côté de ce Tout Autre, et que cela vous modifie petit à petit. Et c'est bien ce qui permet d'aller vers la lumière.

Cette phrase, "faire la vérité", en général on l'emploie quand on dit que l'on veut faire la vérité ou faire la lumière sur un évènement. Cela concerne souvent des actes criminels (faire la lumière sur une affaire, faire la vérité sur une histoire du passé ou du présent). Dans ce verbe faire, il y a la notion de travail; cela ne se fait pas tout seul, cela ne vient pas tout seul. Le but étant de comprendre ce qui s'est passé, donc d'aller vers la lumière et de quitter les zones d'ombre. Sortir du mensonge, des demi-vérités. Car il y a des vérités qui sont des demi vérités. Dans mon enfance il y avait des personnes qui parlaient de la "vraie vérité", ce qui me posait bien des questions sur ce qu'est la vérité...

Pour Jean, la vérité a quelque chose à voir avec la reconnaissance de la divinité de Jésus. La vérité que Jésus annonce et proclame, c'est qu'il est le Fils, qu'il est obéissant, qu'Il n'est pas là pour juger ou condamner, mais qu'il est là pour envoyer l'Esprit de "vérité", qui dévoilera toutes choses. Il est reflet si l'on peut dire de la Lumière de Dieu (et c'est peut-être ce qui s'exprime lors de la transfiguration).

Quand on essaie de parler vrai, d'être dans la vérité, alors je crois profondément que Dieu peut se révéler, et pas du tout comme on l'imagine. C'est quelque chose qui se passe dans l'intime de soi-même, qui permet de devenir plus vrai, plus lumineux, plus humain, donc plus à l'image du Divin.

Faire la vérité, c'est être à l'écoute. A l'écoute de ce qui est au fond de soi, parfois tout au fond, dont on n'a pas forcément conscience et qu'il faut laisser monter à la surface pour pouvoir en vivre et en redonner quelque chose pour les autres.

Faire la vérité, finalement c'est être en phase avec le Fils, qui révèle un peu du Père ("qui me voit voit le Père"), en se laissant mouvoir par le souffle de la Vie. C'est peut-être aussi accepter de ne pas comprendre, car c'est peut-être cela être dans la Lumière.

V comme vêtement
Luc 5, 36 : une histoire de vêtements

La fin du chapitre 5 de l'évangile de Luc nous montre Jésus en prise avec les questions insidieuses des pharisiens. Il faut dire que ceux-ci semblent choqués par l'attitude de Jésus qui, après l'appel de Lévi, mange avec ces "collaborateurs" amis de Matthieu.

Puis ils demandent: *"Pourquoi tes disciples (donc toi) ne faites-vous pas comme tout le monde (nous et les disciples de Jean)? Pourquoi ne jeûnez vous pas, pourquoi ne faites vous pas de prières?"* Se réjouir, apparemment, ce n'est pas leur manière de fonctionner.

A cela Jésus répond en se décrivant comme l'époux, ce qui est une manière de faire comprendre qu'il est l'Emmanuel, puis en disant: *"On ne déchire pas un vêtement neuf pour en mettre une pièce à un vêtement usagé. Sinon, **et** on aura déchiré le neuf, **et** la pièce tirée du neuf n'ira pas avec le vêtement usagé"*.

En d'autres termes Jésus affirme que le neuf ne peut en aucun cas s'accorder avec l'ancien: la manière dont certains interprètent la Loi. Il ne peut pas ravauder le passé, il est là pour créer du neuf.

Quand le fils prodigue revient chez son père, ce dernier lui fait immédiatement donner un vêtement neuf. Il ne prend pas les vieilles hardes pour les faire nettoyer, non il donne du neuf.

Quand Jésus parle des invités à la noce (parabole rapportée par Matthieu, Mt 22,1-14), ceux qui sont appelés à remplir la salle reçoivent un vêtement blanc à l'entrée, et c'est pour cela que celui qui a refusé ce vêtement est mis dehors.

Ce qui m'a parlé dans cette histoire de vêtement que l'on ne répare pas, c'est que Jésus ne fait pas de reprises comme on faisait autrefois dans les vêtements usagés pour les faire durer le plus longtemps possible.

Il en donne un neuf, et cela il le fait chaque jour pour nous. C'est ce vêtement blanc que nous pouvons recevoir gratuitement, ce vêtement neuf dans lequel nous nous sentons bien, qui est à notre taille et dont nous pouvons changer chaque jour que Dieu nous donne à vivre. Juste dire merci pour ce cadeau et ne pas se lamenter parce que le vêtement d'hier a été sali et abîmé. La renaissance c'est pouvoir chaque jour porter ce vêtement qui est signe de la Joie de la rencontre.

CHAPITRE 3

AUTOUR DES PERSONNAGES

Introduction

J'ai regroupé dans ce chapitre ces billets qui parfois me viennent presque facilement, même s'il y a eu pas mal de réflexion avant, ces billets où je peux écrire à la première personne, où je me sens habitée par le personnage. Je sais que ma manière de voir est ma manière, je sais que ce peut être très ou trop psychologique, mais je pense que cela revivifie les personnages, alors je livre ce qui vient en moi. Certains textes sont assez descriptifs, mais ils suivent toujours ce que dit la Bible. Mais contrairement au livre publié en 2016, j'ai choisi d'expliquer un peu plus la genèse de ces textes.

Premier Testament

Caïn et Abel : comment la honte peut-être parfois productive.

Réflexions sur leurs histoires respectives : être l'aîné n'est pas facile.

On a beaucoup écrit sur ces deux là; j'ai beaucoup lu sur ces deux là, et le poème de Victor Hugo reste présent en ma mémoire. Mais peut-être que le crime de Caïn a finalement été productif. La honte est mauvaise, mais parfois elle peut pousser, pour la masquer, à se surpasser; et devenir un créateur de ville, quand on a été un simple cultivateur, ce n'est pas si mal.

Nous avons l'habitude de toujours considérer Caïn comme le méchant, le très méchant même - un peu comme Judas dont on sait dès le début qu'il aura le rôle du traitre -, et Abel comme la victime, comme le gentil. Si l'on se souvient que le prénom donné à ce dernier est évocateur de brume ou d'haleine, bref quelque chose qui est ténu, qui n'a pas de poids, on est malgré soi poussé à vouloir donner du poids à ce deuxième né, et être bien content que son offrande soit acceptée. Or c'est en mourant qu'il acquière une présence : un poids ("le sang de ton frère crie contre toi"). Pourtant il est fréquent que dans une fratrie il y ait un bon et un méchant, et que parfois le méchant nous fasse un peu pitié; c'est le cas d'Esaü qui se fait berner par son jumeau Jacob, mais ce n'est pas le cas de Caïn.

Une des difficultés du livre de la Genèse est qu'il ne s'agit pas d'un livre historique, mais d'un livre rempli d'histoires, un écrit qui permet de comprendre un certain nombre de choses sur la vie, la mort, le mal; de donner des explications et du sens pour ce peuple que Dieu s'est choisi, peuple qui a besoin de comprendre ce qu'il en est de ses origines et de son Dieu, et qui a besoin de se donner un enracinement alors qu'il vit une expérience de déracinement (je fais référence à l'Exil).

Si on reprend un peu l'histoire de ces deux frères, les choses ne sont pas si simples, ni si limpides. Oui, Caïn est le premier né, mis au monde par Eve, c'est-à-dire la MERE DES VIVANTS (je mets des majuscules parce que cette nomination fait quand même d'elle un peu une déesse).

Une fois en dehors de ce jardin « merveilleux », ce jardin « cultivé » donc peut-être aussi lieu de culture puisque Dieu y vient aussi, il faut affronter la vie dans les champs, l'insécurité, la peur. Et si l'on relit la malédiction qui est tombée sur Adam, on lit entre autres « *Maudit soit le sol à cause de toi. A force de peines tu en tireras ta subsistance tous les jours de ta vie (donc elle n'est plus donnée comme avant). Il produira pour toi épines et chardons et tu mangeras de l'herbe des champs. A la sueur de ton visage tu mangeras ton pain jusqu'à ce que tu retournes au sol, puisque tu en fus tiré* ». En d'autre termes, la vie est loin d'être facile. La vie du paysan est dure quand la terre est hostile.

Avoir un premier-né, qui va pouvoir comme tout premier-né mettre la main à la pâte, c'est une bonne chose. Dire « j'ai acquis un homme de par le Seigneur », montre aussi qu'en ce petit enfant, il y a déjà l'homme qui est là. Caïn a eu d'emblée un rôle qui a pesé sur ses épaules: être un homme; pas un enfant, non, un homme utile et responsable. Alors « on » lui en a peut-être un peu trop demandé à cet enfant, qui n'a pas pu être un enfant.

Arrive Abel. Caïn reprend la tâche confiée à son père - cultiver le sol - donc une tâche pas facile compte tenu de la malédiction qui a été lancée contre le sol; c'est dur, fatigant. Abel, lui, s'occupe du petit bétail. Pour nourrir le petit bétail, il faut de l'herbe, et l'herbe bien souvent ce sont les agriculteurs qui la font pousser, car le petit bétail ne se contente pas d'épines et de chardons. Alors on peut imaginer qu'entre ces deux là, ça ne doit pas toujours être l'entente parfaite.

Que cet épisode renvoie aux querelles entre les agriculteurs et les bergers, entre les sédentaires et les nomades, c'est bien possible. Que cet épisode qui se conclut par l'éloignement de Caïn permette aussi de comprendre le pourquoi des villes, puisque Caïn, chassé de la terre paternelle en construira, c'est également possible. Mais peut-être faut il chercher autrement.

Si Abel offre à Dieu les premiers nés de son troupeau et même leur graisse, c'est qu'il s'agit d'un sacrifice comme les prêtres en font, avec mort de l'animal et offrande de la graisse pour Dieu. Les meilleurs morceaux sont en principe pour les prêtres, mais celui qui offre - quand il ne s'agit pas d'un sacrifice pour le péché - partage la viande restante avec la famille . Il est quand même curieux de voir qu'alors que l'humain est censé ne manger que de l'herbe, il offre de la viande… Ce qui est raconté là, c'est bien un holocauste, et on est dans le sacré. Caïn, lui, offre un sacrifice végétal, mais ritualisé aussi. On est donc dans un autre contexte et ce qui est peut-être dit aux lecteurs, c'est que le sacrifice doit être offert avec un cœur pur.

Et puis, comment sait-on que Dieu accepte ou n'accepte pas un sacrifice? Ce qui est certain aussi c'est que Caïn, qui s'est échiné à tirer du sol - avec ou sans son père - des plantes plus ou moins chétives (c'est ce que les midrashs rapportent), il peut trouver que son labeur n'est pas récompensé; peut-être a-t-il une bonne raison de ne pas être content: Abel, qui se contente de faire paître le petit bétail et de le faire prospérer (en détruisant peut-être les cultures de Caïn) est « béni » et lui Caïn, le bosseur (un peu comme le fils aîné de la parabole des deux fils Luc 15), est laissé sur la touche. Alors oui, il y a de quoi être en colère, et surtout de ressentir de la honte.

Et voilà que pour couronner le tout, Dieu s'en mêle. Il met en garde Caïn, mais du coup, comme le dirait Paul, il révèle en le nommant (visage abattu et colère) ce qui se passe dedans. L'adjectif abattu est aussi utilisé pour le comportement d'Achab dans le livre des Rois, qui, ne pouvant entrer en possession de la vigne de Nabot, se couche de dépit et refuse de manger, attitude évocatrice de dépression. Alors peut-être qu'au-delà de l'irritation il y a pour Caïn le sentiment que Dieu se détourne, que lui l'homme en quelque sorte « donné par Dieu » à sa mère, se trouve seul, abandonné avec son offrande qui lui reste sur les bras.

Dieu (ou l'auteur sacré) utilise une comparaison entre le péché et une bête tapie en soi (et celui qui s'occupe des bêtes c'est Abel), une bête qui n'est pas du petit bétail, mais une bête féroce, celle de l'envie. En tout humain, il y a de l'agneau et du loup. Dans cette histoire, Caïn se met à nourrir le loup qui est en lui; plus la colère monte, et plus le loup devient fort. La fin de l'histoire, nous la connaissons: le loup ne parle pas, il agit, il tue, et c'est ce que fait Caïn.

Normalement, quand un père n'est pas content de ce que fait son fils, il lui explique comment faire mieux, comment faire autrement. Et parfois le rôle du frère, de la mère, des sœurs, c'est de consoler. Or là, on a seulement une mise en garde de Dieu, qui sait ce qu'il y a dans le cœur de l'homme, c'est à dire de l'envie, de la jalousie, de la convoitise et que cela peut mener au meurtre. Puis Dieu s'en va, et Caïn reste seul avec lui-même, avec cette offrande pas acceptée, pendant qu'Abel (pardon pour l'imagination) va boire un coup avec les autres bergers pour célébrer le fait que son sacrifice ayant été accepté, il y aura beaucoup de naissances dans les mois à venir. Alors chez l'aîné, ça gronde et ça gronde d'autant plus que son père ne dit rien, ne se manifeste pas. Où est-il le Père ? Où est-il celui qui pourrait peut-être offrir autre chose ?

On peut penser que le refus de l'offrande a provoqué de la honte chez Caïn, surtout s'il y a le regard des autres. La honte est liée à l'humiliation; et l'humiliation, il faut la venger. Qu'elle se traduise par de la jalousie, de l'envie, de la colère, oui, mais la honte est un vêtement mauvais, et s'en débarrasser ne peut se faire que si l'on se sent écouté; et Caïn ne semble pas avoir été épaulé ou écouté par qui que ce soit.

Ce qui reste étonnant c'est que, comme son père, Caïn ne s'excuse pas. Ce qu'il a fait il l'a fait, et dire qu'il n'est pas le gardien de son frère est quand même une phrase très curieuse. On peut faire l'hypothèse que Caïn a lavé dans le sang la honte qu'il a ressentie quand son petit frère est passé devant lui. Et de cela au fond de lui, il est fier...

L'ennui c'est que, le travail de la terre lui étant interdit, il devient un errant, mais aussi créateur de culture (les villes, le métal, la flûte, c'est à dire les métiers et les arts). Comme quoi la honte, même si elle est lourde à porter peut aussi être productive dans certaines conditions.

Loth : un homme qui semble poursuivi par la poisse .

Ceci est la plainte de Loth, le neveu d'Abraham. On peut se souvenir qu'Abram, qui n'est pas encore Abraham quand il quitte la ville de Harân pour aller là où Dieu lui demande d'aller, prend avec lui sa femme Saraï, son neveu Lot, et toutes ses richesses qui sont fort considérables, sauf qu'il n'a pas de descendants. Les relations entre l'oncle et le neveu vont se compliquer, et Lot s'établit à Sodome, ce que nous savons, nous les lecteurs, être un très mauvais choix. Alors voici ce que Lot peut raconter de son histoire.

On parle toujours de ma femme transformée en statue de sel quand des personnages bizarres nous ont obligés à quitter la ville de Sodome où, ma foi, nous n'étions pas mal. On dit que ces hommes sont des anges, mais moi sur le coup je les ai vraiment pris pour des humains. A dire vrai, nous y étions bien, dans cette ville et j'avais même pu trouver deux hommes à qui donner mes deux filles en mariage.

Deux filles! Quand je pense à mon oncle, qui s'est débrouillé pour avoir 2 fils, ce qui a mis à mal tous mes projets d'héritage, ce n'est vraiment pas de chance! Et quand vous saurez ce qu'elles ont été capables de faire, de me faire, vous comprendrez encore mieux pourquoi j'ai l'impression d'être poursuivi par la poisse, alors que l'autre, mon oncle, lui,i il a tout.

Mais revenons au début. Nous étions enfin bien installés à Hâran: toute la famille, Abram, son père Térah, ses frères et demi frères, bref, ça allait bien. Et voilà qu'après la mort de mon grand-père, qui nous avait déjà fait aller de Ur à Hâran, mon oncle entend comme une voix qui lui dit de partir, et qu'il aurait une terre en héritage. Pourtant il n'était pas tout jeune quand il a eu cette "révélation": 75 ans; et en plus, pas d'enfants. L'idée de la terre, ça me plaisait bien, et on s'est mis en route. Jusque là, pas de problèmes.

Quand nous sommes arrivés au pays de Canaan tout se passait relativement bien. Puis il y a eu une famine, et une fois de plus nous avons dû nous déplacer; et des nomades qui se déplacent, ce n'est pas rien. Nous nous sommes mis en route pour l'Egypte, parce que là, il y avait de quoi manger; ce Nil qui déborde, c'est une vraie bénédiction. Mais il y a eu un gros problème.

Ma tante était une belle femme malgré sa stérilité, et mon oncle s'est dit que s'il disait qu'elle était sa femme, le roi du pays la lui prendrait et le tuerait. Alors, comme il est un peu trouillard, il a raconté que ma tante était sa sœur (ce qui n'est pas faux, mais quand *même) et du coup, Saraï est allée chez Pharaon. Seulement le Dieu qui avait parlé à mon oncle n'a pas aimé du tout ce que mon Oncle avait fait, et il a fait venir du malheur sur ce pays qui allait si bien. Du coup, Pharaon qui s'est rendu compte que le malheur avait commencé avec notre arrivée, a convoqué Abram, qui a bien du lui dire la vérité, et nous voilà de retour en Canaan, avec curieusement plein de richesses en plus, données par ce roi d'Egypte..*

Là, les choses se sont un peu gâtées pour moi. Mes bergers se sont disputés avec ceux d'Abram - des histoires de puits bouchés avec des pierres, alors pour éviter la bagarre, mon oncle m'a proposé de choisir un territoire à moi. Vous savez, à cette époque, il y a avait de l'eau et j'ai vu de belles prairies, du côté d'une belle ville, Sodome. J'ai choisi d'aller vivre dans cette contrée. J'avais bien entendu dire que les hommes de Sodome n'étaient pas trop recommandables, mais moi, j'étais sûr qu'avec mes richesses tout irait bien. Et puis je pensais bien hériter un jour de mon oncle et pouvoir disposer aussi de son territoire à lui.

Pour en revenir à la poisse, une fois installé à Sodome, des rois voisins n'ont rien trouvé de mieux que de faire la guerre, et ils m'ont fait prisonnier, moi et ma petite famille; ils ont pris tous mes biens. Et là c'est mon oncle, pourtant pas tout jeune, qui est venu à mon secours et m'a libéré. Peut-être que j'aurais alors dû chercher un autre endroit, mais les environs de Sodome étaient si beaux, et je m'y trouvais si bien...

Le temps a passé, et avec lui mes rêves d'héritage, car mon oncle a eu un fils, un certain Ismaël. Bien sûr ce n'était pas le fils de ma tante, mais il était l'héritier.

Et puis, longtemps après, deux hommes sont arrivés près de chez moi. Si j'avais su ce qu'ils allaient faire, je me demande si je les aurais accueillis, mais l'hospitalité c'est sacré! Ils ont d'abord refusé de venir chez moi, disant qu'ils comptaient dormir sur la place de la ville, mais j'ai refusé. Et comme ils venaient du pays de mon oncle, je pensais qu'ils pourraient me donner des nouvelles.

Je ne sais pas ce qui s'est passé dans la tête des hommes de Sodome, mais ils se sont tous réunis devant ma porte, des plus jeunes aux plus vieux et ils voulaient que je leur donne mes deux invités pour qu'ils en fassent des objets de plaisir (je dirai plutôt de honte). J'ai proposé de donner mes deux filles, pourtant fiancées, à leur place, mais ils n'ont rien voulu entendre. Ils m'ont même menacé de me faire pire qu'à eux. Et puis il s'est passé quelque chose de curieux: les deux hommes ont comme jeté un sort à ma maison, parce qu'on aurait dit que mes assaillants étaient devenus aveugles. Ils étaient comme perdus dans leur propre ville. Les deux hommes m'ont alors dit qu'ils allaient détruire ce lieu, et que je devais prendre la fuite avec ma famille.

J'ai alors compris qu'ils devaient être des envoyés de ce Dieu qui parlait à mon oncle, car ils ont dit qu'un grand cri s'était élevé contre cette ville, et qu'elle allait être détruite. Je n'en croyais pas mes oreilles. Et comment avaient-ils pu savoir que cette ville était aussi mauvaise? Je ne savais pas qu'ils étaient passés voir mon oncle, que celui-ci avait intercédé pour que la ville ne soit détruite que s'il s'y trouvait moins de 10 justes (mais moi et ma famille nous ne faisions pas le poids), et surtout qu'ils lui avaient prédit qu'il aurait un fils, vraiment à lui, et là, adieu à toutes mes chances d'héritage. Comme on dit, c'est une autre histoire, mais vraiment quand on n'a pas de chance, on n'a pas de chance.

Mes gendres, il faut dire qu'ils m'en voulaient d'avoir voulu donner mes filles à cette meute; ils n'ont pas voulu quitter Sodome. Au petit jour, les hommes m'ont littéralement mis à la porte de chez moi en me disant de me sauver. Seulement, je ne suis pas en très bonne santé, et je leur ai demandé de pouvoir me réfugier dans une petite ville, pas trop trop éloignée. Ils nous ont donc fait prendre nos jambes à notre cou pour courir et ils nous ont interdit de nous retourner; ça je n'ai pas trop compris pourquoi sauf que, la poisse me poursuivant, c'est ma femme qui s'est retournée et elle a été statufiée. Je me demande ce qui s'est passé, ce qu'elle a vu, pour mourir comme ça d'un coup? Ce devait être horrible. Nous, on a continué, malgré le bruit et les odeurs d'incendie. On dit que ma femme (moi je ne me suis pas retourné donc je n'ai rien vu) a été transformé en colonne de sel.

Tout perdre d'un coup, cela peut donner envie de pleurer. Je ne sais pas si c'est sur son passé qu'elle a pleuré, mais je suis sûr que voir une ville en feu, une ville détruite, ça lui a fait un choc terrible et son cœur n'a pas tenu. Moi, j'ai perdu ma femme, et j'ai aussi eu envie de pleurer. Alors oui, la poisse elle est pour moi.

Et après le pire est arrivé. Comme mes gendres, étaient morts et que mes filles voulaient avoir une descendance pour prendre possession du pays que nous considérons comme le nôtre, elles n'ont rien trouvé de mieux à faire que de me faire boire jusqu'à plus soif, et comme j'étais comme on dit dans les vignes du Seigneur, elles m'ont violé, moi leur père. Est-ce que c'est parce que moi, j'avais voulu qu'elles le soient - parce que la loi d'hospitalité prime sur tout, ou parce qu'elles voulaient des héritiers? Ça je ne sais pas, mais la honte, elle est en moi et ces enfants là, jamais je ne pourrais les considérer comme miens. Ils sont ma honte, ma douleur, ma souffrance.

Vous qui connaissez mon histoire et celle du peuple que Dieu s'est choisi à partir de mon oncle, vous savez que ces enfants, qui n'auraient pas dû voir le jour, sont venus au monde en même temps que le fils de mon oncle, cet Isaac qui engendrera Jacob, le père des douze tribus d'Israël. Mes enfants à moi, seront les pères des Moabites et des Ammonites, qui s'opposeront aux passage des descendants de mon oncle quand ils quitteront le pays d'Egypte. Ils iront même jusqu'à vouloir faire maudire ce peuple élu, par un certain Balaam (Nombres 22), mais sans succès. Seulement du coup mes descendants sont devenus vraiment maudits pour ceux d'Isaac, avec interdiction de se marier avec nous.

Et pourtant, c'est une femme que l'on peut considérer comme descendante de mes coquines de filles qui deviendra la grand-mère du roi David, lui-même ancêtre de celui qui vous appelez votre Sauveur et Seigneur

Alors oui, de la poisse j'en ai eu, jusqu'à plus soif, mais finalement le Dieu de mon Oncle Abraham a permis que je ne reste pas dans cette malédiction puisque de ma descendance est né votre Jésus.

Elie et Elisée

La liturgie a proposé un certain nombre de lectures tirées du premier livre des Rois et racontant les hauts faits du prophète Elie. Or ce prophète, qui se manifeste par des œuvres de violence, ou du moins que je perçois comme tel, j'ai du mal à le reconnaître comme le modèle des prophètes, et je me demande pourquoi Dieu l'a enlevé de son vivant sur un char de feu, sans qu'il connaisse la mort. Je suppose que pour l'histoire d'Israël, cet enlèvement était important, comme pour nous l'enlèvement de Jésus après la résurrection est important, et qu'il signe un temps autre.

Quand on lit les « exploits » d'Elie, il est certain que les signes donnés pas Jésus ne font pas le poids. Bien sûr Jésus a guéri, Jésus a nourri, mais Jésus n'a pas fait tomber le feu du ciel sur ceux qui venaient l'arrêter et n'a pas provoqué le départ des Romains. Il a œuvré comme les prophètes pour changer le cœur de ses concitoyens, et en cela il a réussi à faire ce qu'aucun d'entre eux n'avait réussi à faire à donner l'Esprit du Père à tous ceux qui le reconnaissaient comme le Fils.

M'est alors venue l'envie d'écrire, de raconter l'histoire d'Elie, ce prophète, enlevé nu sur son char de feu, à travers ce que celui qui a été choisi pour le remplacer, Elisée, a pu percevoir de cette personnalité pour le moins complexe. Car si Elie est le prophète que Jésus rencontre au moment de la transfiguration, Elisée reste un prophète plus humain qu'Elie, peut-être plus proche de nous.

Elisée raconte...

J'étais en train de labourer le champ de mon père Chafath près de la ville d'Abel Mehola dans le territoire de la tribu de Manassé. C'était un grand champ, douze arpents, et j'arrivais enfin au bout de mon travail, quand un homme est apparu dans mon champ de vision. Il portait un pagne de peau et un manteau en poils d'animaux.

Cet homme, j'en avais entendu parler. Il avait une réputation curieuse : à la fois prophète et homme de Dieu, osant parler au roi et lui reprocher sa conduite, mais faisant du mal autour de lui. Par sa faute, ou par sa parole, la pluie n'était plus tombée depuis trois ans en Israël, et les récoltes étaient maigres pour ne pas dire nulles et nous souffrions de cette famine. Ne venait-il pas de tuer de sa main tous les prêtres de la reine, qui avait mis sa tête à prix ? Alors que venait-il faire là, près de moi, dans mon champ ?

Il ne m'a pas dit un mot, pas une parole. Il a enlevé son manteau, l'a jeté sur moi comme pour m'en recouvrir, le manteau a glissé sur le sol, il l'a repris. Quelque chose en moi m'a soufflé que par ce geste, il me revêtait de sa puissance, qu'il m'appelait à devenir comme lui, un prophète de son Dieu (mais son Dieu, je ne le connaissais pas vraiment, parce que chez nous ce sont les dieux de la fécondité, ces dieux qui font pousser l'orge, ces dieux qui protègent les brebis, les troupeaux qui sont importants et nous leur offrons aussi des sacrifices), et que je devais le suivre.

J'ai juste dit que j'allais partir avec lui, mais que je voulais prendre congé de mes parents. Mon père est âgé, je suis son aîné, c'est à moi que devait revenir la propriété, et voilà que j'allais partir suivre cet homme rude, sale, qui me faisait un peu peur. Elie m'a répondu que je pouvais faire ce que je voulais, que cela ne le concernait plus. Je n'ai pas aimé du tout sa réponse; je pouvais comprendre que pour lui, c'était tout de suite, mais quand même. Alors pour montrer que je comprenais, au moins un peu, j'ai tué deux des bœufs qui m'avaient aidé dans mon travail, j'ai fait brûler le bois de ma charrue - tous mes serviteurs me regardaient comme si j'étais devenu fou, et j'ai offert pour eux et pour moi un sacrifice à ce dieu que je ne connaissais pas vraiment. Puis je suis parti avec lui.

Etre son serviteur, son disciple, n'a pas été facile, parce qu'un serviteur, il en avait déjà un. J'ai fini par comprendre que lorsqu'il avait fui les hommes de la reine Jézabel lancés à sa poursuite, il était parti vers l'Horeb et qu'il avait voulu mourir. Là, sur son chemin, Dieu lui avait envoyé un ange avec de quoi manger. Son Dieu est vraiment un Dieu secourable, puisque pendant tout le temps de la famine, il lui avait fait porter à manger par des corbeaux sur les rives du torrent du Kerrith. Il a mis quarante jours pour arriver à la montagne de Dieu: je dis la montagne de Dieu, parce qu'il m'a expliqué qu'aux temps anciens, notre père Moïse avait demandé à Dieu de se montrer à lui, et que ce dernier lui avait dit que c'était impossible, parce que l'homme ne peut contempler Dieu, mais qu'il lui montrerait sa Gloire et lui donnerait son nom. Pour ne pas être aveuglé par la toute puissance, Dieu avait dans sa douceur posé sa main sur les yeux de Moïse et lui avait parlé. Et mon maître avait cherché cette grotte où Moïse avait en quelque sorte conversé avec son Seigneur.

Cette grotte il l'avait trouvée et y avait passé la nuit. Puis au cours de la journée suivante, la montagne s'est mise comme à frémir. Elie s'est réfugié au plus profond de la grotte. Il y a eu un ouragan, mais Elie savait que cela ce n'était pas la présence de Dieu, son Dieu était un Dieu fort, le maître des éléments, mais il n'était pas un Dieu de destruction. Puis la terre s'est mise à trembler comme si elle était prise de peur, et les pierres volaient de partout, mais Dieu n'était pas là. Puis il y a eu du feu qui dévorait tout, mais Elie savait, lui qui avait fait tomber le feu sur le taureau offert en sacrifice lors de son combat contre les prêtres de la reine, que son Dieu n'était pas un Dieu incendiaire, mais le Dieu du buisson ardent.

Et puis un silence s'est fait, un grand silence, un beau silence, un silence qui chante, un silence qui prie. Et là, dans ce silence, il y avait comme une brise légère, une brise que l'on sentait à peine; Elie a su alors que Dieu, son Dieu, se manifestait à lui, qu'il se donnait à lui, l'homme qui venait de tuer d'autres hommes. Il s'est souvenu que jadis, Dieu prenait plaisir à parler avec Adam à la brise du soir, et il s'est dit que Dieu voulait lui parler, à lui, Elie.

Et mon maître est sorti de la grotte, il a voilé son visage en signe de respect, et Dieu s'est adressé à lui, en lui demandant ce qu'il faisait là, lui l'homme, dans ce lieu de la présence du Tout Puissant. Elie a eu du mal à répondre, mais il a expliqué que lui seul, parmi tous les prophètes, avait défendu l'honneur du Dieu d'Israël, du Dieu de ses pères et que cela l'avait conduit à devenir un homme « mort ». Alors Dieu lui a confié trois tâches : oindre Hazaël comme roi de Syrie; consacrer Jéhu comme roi d'Israël; et me chercher, moi, pour lui succéder. Or cette demande là, pour Elie elle fut une épine dans sa chair. Me chercher, cela voulait dire que son travail allait prendre fin, que je lui succèderais. En plus il ne me connaissait pas, il doutait de moi ; et ce doute n'a jamais cessé, et a été pour moi très lourd à supporter. Je pense que choisir son successeur de son vivant cela doit être dur, car cela veut dire que la mort est proche. C'est peut-être pour cela que notre vie en commun a été si difficile, d'autant qu'Elie avait son propre serviteur, celui qui l'avait accompagné sur le mont Carmel et qui scrutait le ciel pour voir si la pluie allait enfin tomber.

Le temps a passé. Nous avons été dans la montagne du Carmel où nous avons alors retrouvé l'autre serviteur, celui qu'Elie avait choisi. Nous avons appris que le roi Achab avait obtenu pas mal de victoires sur le roi de Syrie, l'actuel, pas celui qu'Elie avait oint. Mais comme Elie n'avait pas mis à mort ce roi comme cela aurai dû être fait, Dieu avait été très mécontent et l'avait fait savoir au roi, non par mon maître, mais par un prophète membre de la communauté des prophètes; cela avait inquiété le roi, mais il n'avait pas changé sa conduite.

Or le travail d'un prophète, c'est de rappeler à temps et à contre temps ce que Dieu attend de son peuple, et de son roi. Un prophète, Michée, dira un jour que pour être agréable à Dieu, il ne s'agit pas d'offrir des holocaustes, mais de « pratiquer la justice, aimer la miséricorde, et marcher humblement avec Dieu ».

Et puis, j'ai vu mon maître à l'œuvre. Le roi avait obtenu d'une manière plus que déloyale une vigne qui jouxtait ses champs: cette vigne appartenait à Naboth; celui-ci ayant refusé de la céder, la reine s'était arrangée pour le faire mourir, et la terre était revenu au roi. Alors Elie est allé trouver le roi et lui a annoncé sa mort en représailles, et la ruine de toute sa famille. Ces paroles ont provoqué une grande peur chez Achab qui a reconnu sa faute. Et Dieu (c'était important pour moi, parce que ce Dieu d'Elie me faisait peur) a renoncé à le faire mourir immédiatement. De fait, Achab est mort plus tard, au combat. Mais sa mort a réalisé la parole annoncée par Elie : des chiens sont venus lécher son sang..

Petit à petit Elie m'a raconté...

Il m'a raconté comment son Dieu lui avait enjoint de quitter un torrent qui s'était asséché et d'aller à Sarepta. Or aller à Sarepta, c'était aller dans la contrée de la reine Jézabel, cette contrée remplie de faux dieux. Elie n'avait pas vraiment envie d'y aller; mais son Dieu avait prévu qu'une femme, une veuve, s'occuperait de lui durant toute la durée de la famine; pour cela, il y a eu de l'huile et de la farine durant des années. Il m'a raconté comment le fils de cette femme était mort et comment il avait prié sur lui: le souffle était revenu en lui. Il m'a raconté ce qui s'était passé à l'Horeb. Il m'a raconté..., mais j'avais l'impression qu'il ne me considérait pas comme son successeur.

Puis le temps a encore passé. Et Elie a eu maille à partir avec Akhazias, le successeur d'Achab. Ce dernier, au lieu de se tourner vers notre Dieu pour savoir s'il guérirait de la mauvaise chute qu'il venait de faire, s'était tourné vers Baal Zeboub, le Dieu d'Ecron. Elie a alors dit aux messagers du roi que ce dernier allait mourir parce qu'il ne s'était pas tourné vers le vrai Dieu. Le roi a alors essayé de faire périr Elie. Et là j'ai vu ce qu'il pouvait faire et comment son Dieu l'aidait. Par deux fois, il a fait périr par le feu les cinquante hommes venus pour l'arrêter. Puis il est allé en toute tranquillité annoncer au roi qu'il allait mourir. Ce fut son dernier exploit. Fidèle à lui-même et à notre Dieu, il avait rappelé que Dieu seul guérit et que seul le Dieu d'Israël est le tout puissant.

Et puis Elie a vieilli. Il me semblait que quelque chose se passait en lui, mais moi, je n'avais aucune puissance, aucun pouvoir. Je n'avais pas de vision, je n'avais pas de relations avec son Dieu. Nous étions à Guilgal et un matin il m'a dit que le Seigneur l'envoyait à Bethel et que je devais rester à Guilgal, mais je l'ai suivi. Bethel, c'est le lieu où son Dieu était apparu à Jacob lorsqu'il avait pris la fuite pour échapper la fureur de son frère. Là nous avons rencontré des fils des prophètes qui m'ont dit que mon maître allait être enlevé, et j'ai dit que le savais. Puis il m'a dit que le Seigneur l'envoyait à Jéricho et que je devais rester à Bethel, mais j'ai refusé. Jéricho c'est la ville conquise par Josué, il y a longtemps. Là aussi, les prophètes qui y résidaient m'ont dit que mon maître allait être enlevé. J'ai dit que je le savais, mais est-ce que je le savais vraiment? Il a alors dit qu'il devait franchir le Jourdain. Cela ça m'a étonné, parce que cela revenait à quitter notre terre, à se retrouver là où Moïse était mort avant d'avoir pu traverser le Jourdain. Il ne voulait pas de moi, mais moi je n'ai pas lâché, je voulais voir, je voulais savoir. En arrivant au bord du fleuve, il n'a pas cherché s'il y avait un gué, non, il a roulé son manteau et il a frappé les eaux du Jourdain qui se sont écartées, comme autrefois Josué l'avait fait, et nous sommes passés.

Elie m'a alors adressé la parole ; il m'a demandé ce que je voulais qu'il fasse pour moi avant qu'il ne soit enlevé. J'ai répondu sans vraiment réfléchir que je voulais recevoir en héritage une double part de son esprit prophétique. Il m'a répondu que c'était difficile, mais que si je le voyais au moment où il serait enlevé, alors la demande serait réalisée. Il avait à peine fini de parler, que j'ai vu comme un char de feu qui se posait et Elie qui qui prenait place et disparaissait dans un tourbillon de feu. Oui j'avais vu... Oui le don des prophètes, ce don de voir, je l'avais. Et j'étais heureux. Puis j'ai vu le manteau, ce manteau qu'il avait jadis jeté sur mes épaules qui gisait sur le sol. Pour moi, ce manteau était un peu un manteau magique, qui réalisait les désirs de son propriétaire. En même temps, j'étais triste, je me sentais abandonné. J'ai déchiré mes vêtements en signe de deuil, et j'ai pris le chemin du retour.

Il me fallait franchir le Jourdain dans l'autre sens. Je me suis arrêté au bord du fleuve, et comme Elie j'ai frappé les eaux avec le manteau, mais comme il ne se passait rien, j'ai crié, j'ai appelé le Seigneur, le Dieu d'Elie et le fleuve s'est ouvert. C'est là que j'ai compris ce qu'était la puissance de ce Dieu qu'Elie avait servi toute sa vie. La puissance ne résidait pas dans le manteau, mais dans ce Dieu, qui est le Dieu de nos pères et que je connais si mal.

J'ai retrouvé les frères de Jéricho, qui ont vu que je n'étais plus le même. Ils ont voulu quand même chercher Elie, parce que parfois, Dieu enlève puis redépose ailleurs, et cela il l'avait déjà fait une fois pour Elie, qui après le massacre des prêtres, était allé au devant d'Achab, porté par l'Esprit de son Dieu, pour lui annoncer que la pluie allait tomber. Mais Elie n'est pas revenu et je suis devenu à mon tour prophète du peuple d'Israël.

Je pense avoir eu une vie différente de celle de mon maître, car j'ai utilisé la puissance de mon Dieu pour faire le plus de bien possible autour de moi. J'ai permis à une femme d'échapper à la prison; j'ai nourri des hommes qui avaient faim; j'ai purifié une source, j'ai guéri un général ennemi de la peste et évité une guerre, j'ai même donné la berlue à des soldats qui voulaient nous envahir; j'ai été condamné à mort par le roi qui me jugeait responsable de la famine, mais mon Dieu a fait fuir l'armée qui nous affamait et nous avons mangé tous à notre faim. Puis Jéhu a pris le pouvoir comme Elie l'avait prédit. Je suis devenu très âgé, je suis tombé malade, je suis mort et même après ma mort, j'ai pu donner la vie à un homme que l'on avait jeté dans mon tombeau. Oui j'ai été un prophète qui a veillé sur le peuple que Dieu m'avait confié, mais jamais je n'ai eu le panache d'Elie.

Bien des années après ma mort, au retour de cette épreuve que fut l'exil, un homme a raconté l'histoire des hommes qui ont fait la grandeur d'Israël. Il a consacré 12 lignes pour décrire l'œuvre d'Elie et seulement 2 ou 3 pour moi; mais l'un comme l'autre, nous avons œuvré pour que le peuple se convertisse et renonce à ses péchés, pour qu'il comprenne que seul le Dieu d'Abraham, de Jacob et de Moise pouvait lui donner la Joie de connaître la paix dans ses murs et dans son cœur.

NOUVEAU TESTAMENT: MATTHIEU

Joseph

Mt 1,18-25

Nous connaissons bien l'histoire de Joseph, de ses songes, de sa docilité. Mais peut-être peut-on raconter un peu ses doutes.

"Moi qui suis un charpentier, j'aime quand les choses sont à l'équerre, bien d'aplomb. J'aime faire de belles armatures pour que mes maisons ou mes bateaux aient de l'allure. Je crois que je suis un peu comme le bois que je travaille et que j'aime travailler: un homme droit, bien ajusté. Mais là, je suis en plein désarroi.

Marie, celle avec laquelle j'allais me marier, celle qui est de la tribu d'Aaron, est venue chez moi ce matin, après un séjour chez sa cousine. Elle m'a dit que quelque chose s'était passé, qu'elle se devait de me le dire avant qu'elle ne vienne habiter chez moi, dans cette maison que je suis en train de bâtir pour nous.

Et ce qu'elle m'a dit m'a bouleversé, renversé. Elle m'a dit qu'elle attendait un enfant; qu'elle n'avait rien fait de mal, mais qu'elle comprendrait que je ne veuille plus d'elle. Le ciel s'est écroulé sur ma tête. Parce que Marie, ma douce, ma jolie, celle que je l'aime, je veux faire ma vie avec elle. Alors que dois-je faire ?

Si seulement j'étais comme celui dont je porte le prénom, Joseph, l'homme aux songes comme ses frères l'appelaient, je saurais peut-être quoi faire, mais là... Ce qui est sûr c'est que je dois la renvoyer chez ses parents, ils se débrouilleront avec elle, mais je ne veux pas la répudier, parce que ce serait la condamner à mort, elle et le bébé qu'elle dit porter.

Je me suis couché, le cœur lourd. Je me tournais et me retournais dans tous les sens. Impossible de dormir. Pourtant j'avais comme tous les soirs récité les prières et les psaumes, mais impossible. Et puis je me suis senti m'endormir.

Et voilà que dans mon sommeil, j'ai vu, oui j'ai vu, un personnage qui était certes un homme, mais qui n'était pas un homme. J'ai eu peur, un peu comme dans ces rêves où on voudrait prendre la fuite, mais où on n'y arrive pas.

Cette apparition m'a dit de ne pas avoir peur, mais surtout, elle m'a dit de prendre chez moi Marie, mon épouse et que l'enfant qu'elle portait avait été engendré par le Souffle de Dieu, par son Esprit, que je devrais donner à cet enfant le nom de Jésus, et qu'il serait le sauveur que nous attendons tous en ce moment. J'aurais bien voulu poser des questions, mais quand on dort, parler c'est presque impossible. Pour me conforter dans ce qu'il m'avait dit, il m'a rappelé la prédiction du prophète Esaie : « la vierge enfantera un fils et on lui donnera le nom d'Emmanuel ». Bien sûr, pour certains ce fils était le fils du roi Achab, mais pour beaucoup d'entre nous, c'est une prophétie, une de ces merveilles dont seul notre Dieu est capable. Et moi je le crois capable de tout.

Quand je me suis réveillé, ce rêve était vivant en moi, et j'ai couru chez Marie, pour la chercher et la prendre avec moi, et l'installer dans notre maison, qui je l'espère sera pour tous la maison du pain".

NOUVEAU TESTAMENT: LUC

Zacharie
Luc 1, 5-25

Zacharie raconte ce qui lui est arrivé, un certain jour, alors qu'il était dans le Temple de Jérusalem.

"Aujourd'hui je suis chargé d'offrir le sacrifice de l'encens dans le Temple. Je ne peux pas dire que j'aime tellement cette charge, mais je suis prêtre et c'est à mon tour de le faire. Mais ça me porte toujours un peu sur le cœur et j'ai l'impression de ne plus voir grand chose avec toute cette fumée.

Je ne devrais pas le dire, mais j'étais à deux doigts de me trouver mal, je ne savais plus très bien ce que je devais faire, ni même où j'étais. Je n'avais qu'une hâte : sortir de là. Il faut dire aussi que je ne suis plus tout jeune.

Et voilà que dans cette espèce de brume qui m'enveloppait j'ai vu quelqu'un, quelqu'un de lumineux, quelqu'un qui était là. Comme je l'ai dit, je dois être seul pour offrir ce sacrifice. Il était là, à droite de l'autel. Alors la peur m'a saisi, mais aussi une grande crainte : qu'est ce qui m'arrivait là ? Et cette forme s'est mise à parler. Je ne sais pas trop si elle parlait où si je l'entendais en moi-même. Et je pensais au prophète Daniel qui racontant ses visions disait qu'il tombait face contre terre. Cela prenait un sens pour moi, tomber face contre terre .

La voix me disait que ma prière avait été entendue, et je me suis demandé de quelle prière il parlait.

Oui, nous avons prié, Elisabeth et moi, pour avoir un enfant, mais notre prière n'a pas été entendue et maintenant elle est trop âgée pour enfanter; oui, nous prions pour qu'un messie nous soit donné, pour qu'il nous sorte du joug des romains et que notre Dieu soit reconnu comme le Dieu de l'Univers; oui, nous prions pour devenir des justes devant notre Père. Et l'Être que je voyais et entendais a affirmé qu'un enfant nous serait donné, que je devais le nommer Jean, qu'il serait grand devant le Seigneur, qu'il serait un nouvel Elie, et qu'il ramènerait au Seigneur un grand nombre des fils d'Israël. J'ai compris, avec ce prénom que je devais donner, que Dieu entendait nos prières, que Dieu faisait enfin miséricorde, mais entre ma tête et mon cœur c'était le chaos.

J'avais l'impression que le temps n'était plus le même, que des mots venaient les uns après les autres, que je les entendais, mais en moi venait la question du comment. Je sais que mon nom Zacharie signifie Dieu se souvient, et je n'arrivais pas à croire qu'il se soit souvenu. Je sais qu'il est tout puissant, mais nous avons essayé durant tant d'années, nous sommes trop âgés maintenant et je pensais à Sarah qui avait ri quand au Chêne de Mambré le Seigneur lui avait annoncé qu'elle serait mère et je me sentais un peu comme elle. En moi, ça doutait.

Alors j'ai osé demander un signe, oui j'ai osé demander cela, mais j'ai provoqué la colère de celui qui m'était envoyé. Il m'a donné son nom : Gabriel et m'a condamné au silence jusqu'au moment où tout cela serait réalisé. Alors c'est moi qui allait devenir le signe.

Quand j'ai quitté le sanctuaire, j'ai voulu parler, mais impossible. Ma voix était perdue, et j'aurais tant voulu raconter ce que je venais de vivre. J'aurais aussi tant voulu rentrer chez moi, seulement je n'avais pas fini mon service et j'ai dû attendre quelques jours avant de regagner notre maison.

Et notre prière a été exaucée et j'aurais voulu chanter les louanges de mon créateur, mais je ne le pouvais pas ; mon Elisabeth n'osait pas y croire et ne voulait en parler à personne. Et le nom de notre petit garçon(Johanan : Dieu fait grâce) chantait en nous : oui Dieu fait miséricorde, qu'Il soit béni, oui Dieu entend et la honte de notre stérilité a été lavée".

Elisabeth

Luc 1, 39-45
Relecture de la Visitation: Elisabeth.

"Mon prénom signifie "Dieu est plénitude - Dieu est promesse". Mais la plénitude, je ne l'ai pas eue. Et pourtant je continue d'attendre la promesse. Je fais partie de ces femmes dont le Seigneur semble s'être détourné: je n'ai pas eu d'enfants, et mon époux Zacharie ne pourra pas avoir un descendant qui le remplacera dans son service au Temple de Jérusalem. Une lignée qui s'éteint, c'est terrible à vivre. Et pourtant nous avons prié, nous avons jeûné, nous avons espéré. Être la femme stérile, celle que l'on montre du doigt, celle dont on se détourne, dans un petit village c'est difficile à supporter.

Des hommes qui étaient à Jérusalem pendant que Zacharie y accomplissait son service m'ont rapporté qu'il a eu une vision dans le Temple, mais qu'il a perdu la parole. Lui qui aime tant parler, ce doit être affreux. Heureusement que j'ai appris à lire, il pourra peut-être m'expliquer à son retour ce qu'il a vécu.

Zacharie est revenu...Et nous attendons que se réalise la promesse faite par l'Ange Gabriel. Comme pour moi l'arrêt des menstrues ne signifie rien, puisque le flux s'est tari avec l'âge depuis longtemps, j'attends sans y croire, tout en y croyant. Et pourtant mon corps se modifie, j'ai des nausées et j'ai les jambes qui gonflent, et surtout mon ventre qui prend une autre forme. Mais je n'ose pas en parler, on va encore se moquer de moi, dire que je prends mes désirs pour des réalités.. Je me cache, et pourtant les jours passent, les semaines passent et j'en suis à mon sixième mois. Mais je me tais toujours. Quand je sors, avec mes vêtements, rien ne se voit.

Et voilà que ma petite cousine, Marie, celle qui habite à Nazareth, arrive un beau matin. Au moment même où elle me salue, je sens l'enfant, non plus donner des petits coups comme il le fait d'habitude, mais se tendre un peu comme un ressort, et j'ai l'impression qu'il danse en moi. Et je me sens envahie par une force qui me pousse à dire des mots de bénédiction à cette petite fille, car c'est encore une toute petite pour moi, et à bénir le fruit qui est en elle et cela c'est comme une surprise! Je m'étonne moi-même, je ne sais pas d'où viennent ces mots qui sortent de ma bouche. C'est comme si je devenais prophète. Et c'est moi qui me sens toute petite devant ma cousine qui est comme l'écrin du Seigneur.

Et cette force là, elle me dépasse et elle me pousse enfin à sortir de chez moi, à dire que la stérilité est vaincue et que ma cousine sera celle qui m'aidera à mettre au monde celui dont mon mari m'a fait comprendre qu'il tracerait le chemin pour cet autre enfant qui, lui, sera le Messie que nous attendons.

Pierre raconte la pêche inattendue…
Luc 5, 1-11

C'est un épisode que j'aime bien. Je me suis toujours demandée comment Pierre avait pu se prosterner sur un tas de poissons qui remplissent la barque, mais cela c'est une autre histoire.

On avait passé la nuit à pêcher, mais rien de rien. Il y a des jours comme ça. On a ramené les barques, il faisait déjà un peu chaud, les hangars à bateaux n'étaient pas loin. Sur le port il commençait à y avoir un peu de monde. Nous on lavait les filets pour les remettre dans la barque pour la prochaine pêche.
Et on a vu qu'il y avait plus de monde que d'habitude à cette heure là. Il y avait Jésus et ceux qui le suivaient pour l'écouter. Jésus, je l'avais vu se faire baptiser par Jean, et surtout je l'avais vu et entendu chasser un démon l'autre samedi dans notre synagogue. Et là, il m'avait fait penser à David qui avait su chasser ce mauvais esprit qui était dans le cœur du roi Saül. Mais lui il n'a pas eu besoin d'instrument de musique, il a menacé le démon; qui est sorti après avoir dit que ce Jésus de Nazareth était le Messie. Bon cette phrase là, elle m'avait quand même étonné.

Et puis il était venu chez moi, il avait guéri la mère de ma femme qui était fiévreuse. Ensuite il avait guéri, après le coucher du soleil, plein de malades. Ma maison ne désemplissait pas. J'avais l'impression d'avoir un filet de pêche, plein de poissons malades! Je ne savais pas qu'il y a avait tant de malades et de possédés dans ma ville. Mais c'est comme ça. Et puis il est sorti de chez moi, et il n'y est pas revenu, parce qu'il voulait comme il le disait "annoncer la bonne nouvelle" dans les autres villes, et qu'il n'était pas la propriété de Capharnaüm. Il ne disait pas qu'il était le Messie, il disait que le royaume de Dieu était là, mais le royaume de Dieu, moi, je ne sais pas trop ce que c'est. Peut-être avoir tout en abondance, peut-être ne plus attendre que le poisson morde, peut-être ne plus être malade ou possédé? Moi je ne sais pas trop.

Bref, quand il nous a vu mon frère et moi et que la foule commençait à grossir, il nous a fait signe de remettre la barque à l'eau, pour qu'il puisse comme il le dit "enseigner". Et c'est ce qu'il a fait. Nous, nous étions occupés à maintenir la barque stable. On n'a pas trop écouté.

Il s'est tu, et il nous a dit d'aller en eau profonde et de jeter les filets. Alors là, j'ai pensé qu'il était un peu fou, qu'il n'y connaissait rien à la pêche, ce qui est normal pour un homme de l'intérieur, pour un charpentier. Mais il avait guéri ma belle-mère, alors j'ai haussé les épaules et j'ai obéi. J'ai même eu une jolie phrase dont j'étais très fier: " Maitre nous avons pêché toute la nuit sans rien prendre, mais sur ta parole je vais jeter les filets". En fait je n'y croyais pas. Et encore heureux d'avoir eu le temps de remettre des filets dans la barque après la pêche nulle de cette nuit.

Alors j'ai jeté les filets, et je les ai vus qui s'enfonçaient, et j'ai vu les poissons qui se prenaient dans les mailles. Heureusement qu'on n'était pas trop loin du bord, parce que j'ai pu appeler les fils de Zébédée à l'aide, pour qu'ils prennent une partie de la pêche. Et il y avait des poissons plein les deux barques, je n'avais jamais vu ça de ma vie.

Et là, j'ai ressenti quelque chose en moi. Ce n'était pas de la peur, c'était autre chose. Oui, il y avait bien de la peur, de la crainte, parce que ce Jésus, il n'avait de fait rien dit, pas menacé le lac, pas ordonné aux poissons de se faire prendre. Il nous avait juste dit de jeter les filets et moi, je l'avais pris pour un fada.

C'était la certitude que cet homme qui commandait aux poissons, il était celui que nous attendions tous, celui qui nous délivrerait du joug *des Romains, qui aurait puissance sur eux. Mais il n'y avait pas que ça. Je me sentais tellement différent de lui, tellement petit... Je ressentais la puissance de Dieu en lui, et je pensais à Isaïe qui lorsqu'il avait vu Dieu dans son Temple Saint s'était senti petit et misérable. Et je me suis entendu dire: "Eloigne toi de moi, parce que je suis un homme rempli de péché". Et en même temps, je ne voulais pas qu'il s'éloigne, parce que cet homme, je sentais son amour et je sentais aussi mon amour pour lui.*

Il m'a répondu que désormais ce serait des hommes que je prendrais. Là je n'ai pas compris, mais cela n'avait plus d'importance. Et moi, André, Jacques et Jean on a laissé nos barques, on a laissé tout notre poisson et on l'a suivi, sans nous poser trop de questions. C'était notre appel.

Le Père du Fils Prodigue

Luc 15

Voir, plus haut, dans "M comme Miséricorde" page 110

Simon et Cléophas, sur la route de Jérusalem à Emmaüs : Luc 24, 32

« Notre cœur n'était-il pas tout brûlant au dedans de nous quand il nous parlait en chemin et nous expliquait les écritures »

Je voudrais, au début de ce petit billet, essayer d'expliquer un peu comment ce texte est né en moi, comment parfois cela travaille en moi pour que cette activité d'écriture mais aussi de transmission devienne possible.

D'une manière générale, je prends environ une heure chaque matin en essayant de pratiquer la « Prière du cœur »; un coeur à coeur... Cela peut être réfléchir sur l'évangile du jour, sur une lettre que je dois écrire, sur ce que j'ai envie de dire à quelqu'un, sur ma compréhension d'une situation. Là il s'agissait de présenter la fin du dernier chapitre de l'évangile de Luc.

Et je me disais que le ou les pivots de ce chapitre étaient d'une part les apôtres, car c'est toujours vers eux que l'on revient, et d'autre part l'ouverture de l'intelligence des écritures, intelligence donnée par Jésus. Je me suis demandée pourquoi il n'avait pas fait cette relecture plus tôt avec ses apôtres, mais il fallait certainement que les disciples soient dans cet état de deuil pour que cela prenne sens pour eux. Ils attendaient un messie glorieux, pas le serviteur souffrant du chapitre 53 d'Isaïe, et comme le fait remarquer Luc : ils ne comprenaient pas ce que voulait dire « ressusciter des morts » et ils n'osaient pas lui poser de questions.

Puis, je me suis raconté la rencontre avec les disciples qui reviennent de Jérusalem à Emmaüs. Jésus, la dernière vision qu'ils ont de lui, c'est celle d'un mort et d'un mort bien abîmé si l'on en croit les autres évangiles. D'un homme dépouillé de ses vêtements, d'un homme troué. Alors, qu'ils ne le reconnaissent pas, pour moi c'est plus que normal. Les trous des clous seront montrés aux apôtres, mais là, il est bien évident que cet homme qu'ils rencontrent est un homme quelconque.

Ce qui a fait image en moi, ce sont ces quelques mots : « **cœur tout brûlant au dedans de nous** ». Quand un mot ou une courte phrase s'inscrit en moi, je sais que je dois la laisser faire son chemin, même si cela doit prendre plusieurs jours.

Je me disais, en lisant cette phrase, que ce que ces hommes décrivent, ce cœur que l'on ressent en soi tout brûlant, cela renvoie à une religion qui s'incarne dans le corps. Le ressenti existe, il traduit quelque chose de la relation, il a peut-être du mal à se mettre en mot, mais il est présent. Qu'on le veuille ou non, la religion de Jésus est une religion qui s'enracine dans le corps. Lui s'est enraciné dans le cœur/corps de Marie, il a laissé son corps et son sang en nourriture, et la conversion de Paul se passe dans le corps. Et pourtant quand on dit ressentir du « physique » en soi, quand on prie, cela a mauvaise presse... Et pourtant si ces hommes n'avaient pas ressenti cela, seraient-ils revenus en pleine nuit à Jérusalem ? La conversion passe par le corps...

Moi, ce quelque chose, je l'ai ressenti lors d'un stage de prière du cœur. Une chaleur s'est répandue en moi, et cette chaleur était bonne, elle était douce, elle était présente, signe d'une présence. Alors je me dis que notre religion est une religion qui s'est incarnée en un homme et qu'il est normal qu'elle prenne aussi corps en nous, quelle que soit la manière, car comme le dit Julienne de Norwich, la courtoisie du Seigneur fait qu'il s'adresse à chacun comme celui ci peut le vivre et le supporter. Alors, ne pas bouder les sensations quand elles viennent. Bien sûr on peut les faire contrôler (en parler) mais aussi faire confiance à cette sensation qui est une sensation transformante. Si elle n'a pas cette dimension de transformation, alors il faut se poser des questions.

Ce qui est venu ensuite, c'est cet adjectif « brûlant », qui renvoie à ces serpents à la morsure « brûlante » dont il est question dans le livre des Nombres. Or, dans l'évangile de Jean, Jésus fait référence à sa manière à cet épisode: "Quand le Fils aura été élevé", (et quand les hommes le contempleront), alors ils seront attirés à lui. Il sera comme un aimant.

Les disciples étaient mordus par la blessure du doute, par la blessure du deuil, par la blessure de la perte, et cela brûlait en eux, et rien ne pouvait les consoler. Et Jésus, en prenant du temps avec eux, en les écoutant, en marchant à leur rythme, transforme par sa présence cette brûlure de mort en autre chose : un cœur qui se sent aimé et qui aime. Ils ressentent en eux que leur blessure s'est transformée en blessure d'amour envers cet homme qui vient de disparaître à leurs yeux, mais qui reste dans leur cœur.
C'est à ce moment là que quelque chose en moi se met en place pour écrire... Et c'est ce qui est en tête de ce billet.

C'était le premier jour de la semaine, avec cette fête de la Pâque qui était tombée en même temps que le Jour du Sabbat. La Pâque, c'est la fête de notre libération, c'est une fête de joie. Mais pas pour nous cette année. Nous, je veux dire moi et Cléophas. Nous sommes dans la tristesse. Jusqu'au dernier moment nous avions cru, nous avions espéré que notre Maître, Jésus de Nazareth, descendrait de sa croix, et prouverait à nos grands prêtres qu'il était bien le Messie; et qu'il rendrait enfin sa liberté à notre peuple, comme Moïse l'avait fait autrefois. Mais non, il est mort sur cette croix et il a rendu son souffle. Son corps était dans un triste état, et c'est cette image-là qui nous hante : un homme qui ne tient que par les clous, un homme qui saigne, un homme qui a le visage abîmé par les coups et par cette affreuse couronne d'épines que les soldats lui ont enfoncée sur la tête.

Nous marchons pour rentrer chez nous, après des jours et des jours d'absence, car nous étions tout le temps avec lui, depuis qu'il avait annoncé que le Royaume de Dieu était là. Il paraît que les femmes qui étaient parties ce matin pour embaumer son corps ont trouvé le tombeau vide, et que soi-disant des anges leur seraient apparus pour dire qu'il était ressuscité; mais ça, c'est bien les bonnes femmes. Elles veulent tellement que ce soit vrai qu'elles racontent n'importe quoi. Il paraît que Pierre a vu aussi que le tombeau était vide, mais peut-être que quelqu'un est venu prendre le corps de Jésus pendant la nuit, nous ne savons pas. Sauf que nous l'avons vu mort.

Et puis il y a un type qui est arrivé à notre hauteur, et qui s'est mêlé à notre conversation. C'était un peu bizarre, mais il avait une bonne tête. Il nous a demandé pourquoi nous faisions une tête pareille, alors que c'était un jour de joie. Alors nous lui avons expliqué que, deux jours avant, il y avait eu une mise à mort, et que celui qui avait été tué c'était pour nous un homme pas comme les autres, un homme en qui nous avions confiance, un homme qui aurait pu donner à notre nation la gloire qu'elle a perdue depuis des siècles.

Là il a eu une drôle de phrase, un peu comme si nous étions des idiots, des demeurés. Demeurés, oui nous l'étions certainement, parce que contrairement à lui, nous n'avions jamais pensé que les écritures expliquaient tout ce que Jésus avait vécu et pourquoi il fallait qu'il perde la vie pour la retrouver et pour sauver les hommes de leurs péchés, pour refaire alliance avec Dieu. Il nous a dit que nous étions des hommes sans intelligence. On n'a pas tellement aimé, mais s'il le disait c'est qu'il devait avoir ses raisons.

Il connaissait tout ça par cœur lui, mais nous, nous nous sommes rendus compte que beaucoup de psaumes parlaient de lui, que même la phrase qu'il avait dite juste avant de mourir - "entre tes mains je remets mon esprit" - était la phrase qu'il devait prononcer. Et puis il nous a cité le prophète Isaïe, et il nous a aussi parlé de Jérémie dans sa citerne; il a parlé, parlé et le temps a passé, la nuit était sur le point de tomber et nous étions arrivés chez nous.

Il voulait continuer sa route, mais il ne nous a pas dit où il voulait se rendre; alors nous lui avons demandé de rester avec nous, de partager notre repas. Il faut dire que nous nous sentions tellement bien avec lui, et que tout prenait du sens.

Quand le repas a été prêt, il a prononcé la bénédiction, et là il nous a semblé que cette voix nous était familière; puis il a rompu le pain, et là, je ne sais comment le dire, mais nos yeux ont vu, en cet homme qui avait fait route avec nous, l'homme en qui nous avions mis notre foi, que nous avions suivi sur les routes, en Galilée et en Judée! C'était lui, il était bien redevenu vivant! Nous comprenions enfin ce qu'il avait voulu dire quand il disait qu'il allait ressusciter d'entre les morts.

Seulement au moment où nous avons compris que Jésus était bien vivant, il s'est passé quelque chose que je pourrais qualifier de fou. Lui qui avait été avec nous, lui qui avait marché avec nous, il n'était plus là. Il avait disparu. Nous n'étions plus que tous les deux. Mais nous savions que nous n'étions pas fous, que nous n'avions pas eu la berlue, parce que notre cœur en nous continuait à brûler, et notre joie était parfaite. Il n'était plus là et pourtant Il était là.

Alors là, sans nous concerter, nous sommes repartis vers Jérusalem. Nous ne pouvions pas garder cela pour nous. Notre joie, nous devions la partager, cela ne pouvait plus attendre et le bonheur qui était dans notre cœur, il fallait le raconter, le transmettre. Et nous sommes partis....

NOUVEAU TESTAMENT: MARC

Le lépreux

Marc 1, 40-45

" *Et Jésus, s'irritant contre lui, le chassa aussitôt en disant: garde-toi de le dire à personne, va te montrer au prêtre et présente pour ta purification ce que Moïse a prescrit. Ce sera pour eux un témoignage.*" Mc 1, 43-44. Traduction NBS.

En relisant ce passage Mc 1,40-45, qui clôture le premier chapitre de cet évangile, j'ai été très surprise, voire interloquée par le comportement de Jésus. On a l'impression que brusquement cet homme qu'il vient de purifier lui fait horreur, qu'il le chasse comme on chasse un chien. D'autres traductions disent que Jésus "s'irrite" ou qu'il parle avec sévérité. Je me suis vraiment demandée ce que cela pouvait vouloir dire, à la fois pour nous aujourd'hui, mais aussi pour cet homme. On parle souvent du "secret messianique", quand Jésus ne veut pas être reconnu trop tôt comme le Messie, le Fils de l'homme, mais là il semble que ce soit différent.

On a l'impression que le lépreux purifié devient dangereux pour Jésus, comme si cette guérison intervenait trop tôt. Ne va-t-on pas le prendre pour Elisée? Si le lépreux va se montrer au prêtre, celui ci constatera la guérison et permettra la réintégration, mais il ne demandera pas comment le malade a été guéri, ce n'est pas sa fonction et le nom de Jésus ne sera pas prononcé. Et pourtant cette guérison doit être un témoignage. Témoignage de quoi? Peut-être que Dieu s'intéresse à la misère de son peuple, qu'il va le sortir de son péché, puisque la lèpre peut être une image du péché.

Mais comment cet homme a-t-il ressenti ce revirement? Jésus, il lui a parlé. Et Jésus lui a répondu, l'a touché, l'a purifié; et voilà qu'il le met loin de lui, comme s'il était encore un pestiféré. Est ce que Jésus aurait vu autre chose en lui que cette atteinte de la peau? Si on pense au livre des Nombres, Myriam la sœur de Moïse devient lépreuse pendant une semaine en punition: punition de la jalousie envers Moïse. En d'autres termes, la lèpre est le châtiment d'un péché; ce qui ne se voit pas, qui est dans le cœur, est manifesté dans la chair et donc devient visible. Est ce que Jésus a vu quelque chose de l'ordre du péché dans cet homme?

SI on fait le lien avec la guérison du paralytique qui suit cette guérison, il est possible de penser qu'il s'agit bien de péché, puisque c'est ce qui va être dit en premier au paralytique: mon enfant tes péchés te sont remis. Alors peut-être que si l'homme avait obéi, quelque chose se serait passé en lui, quelque chose qui l'aurait délivré de ce qui au fond de lui était une sorte de lèpre.

Je me suis demandée si Jésus, comme il le fera avec les dix lépreux, ne vise pas une guérison en deux temps (ce qui va se passer juste après, avec la guérison du paralytique), une guérison somatique puis une guérison liée à l'obéissance qui permet aussi une purification de tout l'être, un peu comme s'il était plongé dans une eau vivifiante.

Finalement, en refusant de faire ce qui lui était demandé, il est possible que ce lépreux guéri de sa lèpre montre que quelque chose en lui n'est pas guéri, qu'il se sent au dessus de la loi. Et par cette non obéissance (qui se comprend très bien), non seulement il met Jésus dans une position difficile, puisque Jésus aux yeux de ses contemporains devient lui-même impur et ne peut entrer dans les villes, mais il s'est privé d'une autre délivrance, qui lui aurait permis de devenir témoin et peut-être disciple.

"Cela fait plusieurs mois que j'ai cette maladie de peau qui m'exclut de mon village, plusieurs mois que je suis à la porte de ma propre ville, plusieurs mois que personne ne me parle. J'ai tout perdu avec cette maladie. Pourtant je ne comprends pas pourquoi que suis ainsi frappé. Je suis loin d'être parfait, de suivre tous les commandements de notre loi, mais nous savons bien que ce n'est pas possible. Est ce que je paye quelque chose pour mes parents, pour mes proches? Je ne sais pas, mais je suis très très malheureux. Et les prêtres ont été formels: je suis un lépreux. La tache sur ma peau ne part pas et je ne sens rien quand je touche cet endroit.

Aujourd'hui, j'ai vu qu'il y avait plus de monde que d'habitude dans mon village; j'aurais bien voulu savoir ce qui se passait. La femme qui dépose pour moi de la nourriture m'a dit, en restant bien loin de moi, que c'était Jésus de Nazareth, un nouveau prophète qui avait fait beaucoup de miracles, qui parlait et enseignait.
Je n'ai eu qu'une envie, essayer de le "choper" si on peut dire, mais comment faire; il ne passera sûrement pas de mon côté.

Et voilà que je le vois, et là je n'hésite pas. Je me jette à ses pieds et je lui dis que s'il veut me purifier il peut le faire. Je suis un peu étonné de mon audace, mais je sens vraiment qu'il y a une force en lui. A ma grande surprise, au lieu de prendre la fuite et de me traiter de tous les noms, ce qu'il aurait pu faire, il me touche et me dit qu'il veut que je sois purifié. Il ose me toucher: il s'est rendu impur pour moi... Il me dit que je suis purifié parce que lui le veut aussi. Je n'ose pas regarder mes mains attaquées par la maladie; mais je les sens redevenir comme avant. La peau ne me tire plus. Je suis tout heureux et je voudrais le suivre, devenir son disciple.

Et puis j'ai l'impression qu'il se met en colère contre moi, comme si je lui avais arraché quelque chose; et il me chasse comme on chasse un chien, comme on chasse justement un lépreux, en me disant d'aller me montrer au prêtre et d'offrir ce qui est prescrit, ce qui veut bien dire que je suis guéri. Le prêtre, il y en a un qui n'est pas trop loin, seulement je suis tellement heureux que je ne peux m'empêcher de crier sur tous les toits ce qui vient de m'arriver. Je sais bien que ce n'est pas ce qu'il veut, mais c'est plus fort que moi, un peu comme si j'étais possédé.

L'ennui, c'est que Jésus maintenant que j'ai tout raconté, est considéré par tous comme un pestiféré, comme si je lui avais passé mon impureté, alors que c'est sa pureté à lui qui m'a envahi. J'aimerais bien aller m'excuser, mais je n'ose pas. J'ai appris depuis qu'il est retourné à Capharnaüm et qu'il a guéri un homme paralysé. Alors peut-être que j'oserai revenir le toucher. Et lui dire que je regrette. Peut-être qu'il m'expliquera pourquoi il s'est mis en colère contre moi.

Je me dis que peut-être je suis le prototype d'Israël, ce peuple à la nuque raide, qui n'aime pas obéir, et que ça, Jésus l'a vu, et qu'il savait que je garderais ma nuque raide, et cela l'a mis en colère et l'a peut-être rempli de tristesse. Il m'a guéri de ma lèpre, mais au dedans de moi, ce n'est pas encore guéri, parce que je n'ai pas su obéir.

Le Possédé de Capharnaüm

Marc 1, 23-26

Jésus commence sa vie publique, et il me semble que cet homme possédé par un esprit impur, qui est pourtant là dans la synagogue pour participer à la prière du shabbat et qui rencontre Jésus - qui ce jour là a pris la parole et commente les écrits-, dit ce qu'on pourrait appeler de nos jours une parole de Science.

La phrase qu'il prononce: 24« *Que nous veux-tu, Jésus de Nazareth ? Tu es venu pour nous perdre. Je sais qui tu es : le Saint de Dieu* » montre bien qu'il a reconnu en Jésus le Saint de Dieu, celui qui a été mis à part par Dieu, car une des significations de saint est "séparé", et qu'il annonce que dans le combat entre le bien et le mal, le mal sera perdant.

Que Marc ait choisi comme premier miracle l'expulsion de cet esprit mauvais, n'est pas neutre. D'emblée le combat de Jésus est explicité, il s'agit bien d'un combat avec celui qui met au cœur de l'homme la violence, l'envie, la cupidité et le mal. Il s'agit aussi d'un combat contre des forces qui existent et que nous ne voyons pas, car ces esprits du temps de Jésus se mouvaient entre ciel et terre, et étaient l'image de ce combat entre les forces du bien et du mal.

La traduction liturgique dit que l'homme est saisi de convulsions au moment où l'esprit sort de lui, et que ce dernier crie. Je pense que ce cri est comme un cri de rage: il a trouvé son maitre. L'image de l'homme qui est jeté au sol, et qui ne se maitrise plus, est une représentation du mal qui se tortille comme un serpent, et de la puissance de Jésus sur ce mal.

Je me disais aussi que dans le combat entre Jésus et les pharisiens, les pharisiens au fond d'eux même savent que Jésus est l'envoyé mais qu'il va leur faire perdre leur pouvoir: alors ils le mettent à mort pour ne pas voir, pour ne pas entendre. La lumière a lui dans les ténèbres dit Jean dans le prologue de son évangile. Marc ne dit-il pas au fond la même chose dans le début du sien, avec la même conclusion ou le même espoir: le mal sera vaincu et la lumière jaillira.

Peut-être que la lumière a jailli sur cet homme, après que Jésus ait chassé ce mauvais esprit.

"Je ne sais pas ce qui m'a pris ce matin. Comme tous les jours de shabbat, je suis parti à la synagogue, cette synagogue construite par un centurion de l'armée romaine. Il y avait un certain Jésus, un rabbi, un de plus, qui parlait. Manifestement il connaissait bien son métier, il ne se contentait pas de redire et de redire encore des phrases tirées de la Torah; il avait de l'autorité ce type. Et tout d'un coup, une force s'est emparée de moi, je lui ai coupé la parole en lui demandant pourquoi il voulait nous perdre, et quand je disais cela, je pensais vraiment qu'il était une menace pour moi et pour tout mon peuple, qu'il allait nous conduire à lui ruine; et cette même force en moi m'a poussé à lui dire que je savais qui il était et je l'ai nommé le Saint de Dieu.

Manifestement ma sortie verbale ne lui a pas plu du tout. Il m'a menacé, enfin pas moi, mais cette force qui était en moi. Je me suis retrouvé sur le sol, en train de bouger dans tous les sens, et en train de hurler. Puis tout s'est calmé, je me suis remis debout, j'étais rouge de honte, mais en même temps, je savais que cet homme était bien ce que j'avais dit: le béni et je l'ai suivi, j'avais trouvé le Messie. "

NOUVEAU TESTAMENT: JEAN

Des histoires de pain et de poissons :

Jn 6, 15 : "Sachant qu'ils allaient s'emparer de lui pour en faire leur roi, il se retira à nouveau, seul dans la montagne".

Le petit texte qui suit la multiplication des cinq pains et des deux poissons (ce qui donne le chiffre 7 de la plénitude), et qui se poursuit par la barque qui touche le rivage alors que les apôtres ne savent plus où ils sont, m'a beaucoup fait penser.
Il y a Jésus qui renvoie tout le monde, il y a cette tempête où l'on perd tous ses repères…
Et puis il y a cet homme qui ne veut pas être roi, mais qui va être crucifié justement parce qu'il a affirmé « être roi »…
Il y a cette salle qui est à nouveau un peu comme une barque…
Il y a la barque sur le lac et la pêche des 153 poissons…

Alors au fil des jours cela a pris forme, pour donner le petit texte que voici. Il a mis plus d'une semaine pour venir au monde…

On y trouve donc ces trois versets déclic pour moi :
Jn 6, 21 : aussitôt la barque toucha terre.
Jn 19,19 Pilate avait rédigé un écriteau qu'il fit placer sur la croix ; il était écrit : « Jésus le Nazaréen, roi des Juifs.
Jn 20, 19-21 Le soir venu, en ce premier jour de la semaine, alors que les portes du lieu où se trouvaient les disciples étaient verrouillées par crainte des Juifs, Jésus vint, et il était là au milieu d'eux. Il leur dit : « La paix soit avec vous ! »

Et le texte de la nuit sur le lac : Jn 6, 15-21

15 Mais Jésus savait qu'ils allaient venir l'enlever pour faire de lui leur roi ; alors de nouveau il se retira dans la montagne, lui seul.
16 Le soir venu, ses disciples descendirent jusqu'à la mer.

17 Ils s'embarquèrent pour gagner Capharnaüm, sur l'autre rive. C'était déjà les ténèbres, et Jésus n'avait pas encore rejoint les disciples.
18 Un grand vent soufflait, et la mer était agitée.
19 Les disciples avaient ramé sur une distance de vingt-cinq ou trente stades (c'est-à-dire environ cinq mille mètres), lorsqu'ils virent Jésus qui marchait sur la mer et se rapprochait de la barque. Alors, ils furent saisis de peur.
20 Mais il leur dit : « C'est moi. N'ayez plus peur. »
21 Les disciples voulaient le prendre dans la barque ; aussitôt, la barque toucha terre là où ils se rendaient.

Je ne sais pas qui est le disciple qui parle ci-après; peu importe… :

"Pus facile de le comprendre notre Jésus. Voilà qu'il fait un peu comme Moïse, il donne à manger à ceux qui sont venus l'écouter sur la montagne, et d'un coup, il se cache dans la montagne, il disparaît et il nous laisse tous seuls, nous ses apôtres. Après il nous a dit que c'était parce qu'il se doutait qu'après ce signe la foule allait vouloir en faire un roi, et que ça il ne le voulait pas, parce qu'il n'était pas celui qui allait s'opposer aux Romains, et que ce n'était pas un si grand miracle que ça . Ce n'est pas la première fois qu'il fait cela et quand il veut être seul, il vaut mieux le laisser tranquille, sauf que nous on est un peu perdus, parce qu'on ne sait plus trop où aller, que faire. Et en plus on n'aime pas ça, parce qu'on ne sait jamais ce qui va se passer dans sa tête ensuite. Mais il est comme ça.

Alors on s'est dit que ce qu'on avait de mieux à faire, c'était de rentrer à Capharnaüm, parce que c'est une sorte de lieu sûr, un lieu où nous nous retrouvons toujours. On a pris la barque et là, on s'est payé une tempête pas possible. A croire que le lac voulait nous avaler tout crus, nous détruire, ne pas nous laisser arriver chez nous. Il y avait des vagues, des éclairs, du vent. Peut-être que s'il avait été là, ça aurait été différent, mais il n'était pas là, et nous étions désorientés. La seule chose qui comptait c'était de ne pas chavirer. Les heures ont passé et d'un coup, on a vu quelqu'un en train de marcher sur les vagues. Avec les éclairs qui sillonnaient le ciel, on a vraiment cru que c'était un esprit qui venait nous entraîner au fond de la mer, mais c'était lui. Il nous a dit de ne plus avoir peur, mais on venait d'avoir doublement peur, la mer et maintenant lui. D'un coup la mer s'est calmée et on s'est trouvé sur le sable du bord. Il n'a même pas eu besoin de monter dans la barque, il avait fait la traversée en marchant sur les eaux. Je dois dire que les autres, ceux qui voulaient qu'il recommence à donner du pain et du poisson, ils ne sont pas arrivés à comprendre (pas plus que nous d'ailleurs) comment il avait fait, et il ne le leur a pas expliqué.

...

Et le temps a passé...

Les autres, les bien-pensants, l'ont attrapé, et ils l'ont tué parce qu'ils croyaient que Jésus voulait devenir le roi de tous les juifs et prendre leur place, alors qu'il voulait leur faire entendre que notre Dieu, celui qui est celui de nos pères, Abraham, Isaac et Jacob, celui qui a fait une alliance avec nous, nous donnait aujourd'hui son fils pour une nouvelle alliance, pour que nous puissions ne plus être les sujets du mal et du malin, mais de Dieu, et découvrir une autre vie, une vie nouvelle. Cela, nous avons eu du mal aussi à le comprendre, mais depuis que son souffle est venu sur nous, nous pouvons en être témoins.

Mais eux, cela ils ne l'ont pas compris, et ils l'ont mis à mort et nous, nous sommes à nouveau trouvés dans une vraie tempête. Nous ne savions plus que faire, d'autant que comme sur le lac nous avions peur pour notre vie. Nous nous sommes cachés dans cette salle où il *nous avait lavé les pieds, et nous n'osions même pas sortir. Et voilà que dans cette salle il est arrivé au milieu de nous, et comme sur le lac, nous avons ressenti la même peur, la même frayeur. C'est sa voix qui nous a rassurés; là il nous a dit non pas d'être sans crainte, mais d'être dans la Paix. Après, il nous a montré la trace des plaies dans ses poignets, ses chevilles, son côté et il a soufflé sur nous. C'était un autre vent que celui du Lac, mais pourtant il y avait de la force en ce souffle: qui était son souffle, le souffle du Vivant. Et pourtant il nous a encore laissé seuls, il a encore disparu.*

Et nous sommes rentrés chez nous, au bord du lac. Une nuit nous sommes allés pêcher avec Pierre, et nous n'avons rien pris. Au petit matin quelqu'un nous a interpellés de la rive, et comme nous disions que nous n'avions rien attrapé de la nuit, il nous a dit de jeter notre filet à droite de la barque. Et là, les poissons ont presque sauté dans les mailles du filet; le filet ne s'est pas rompu et nous avons compris que l'homme là-bas, c'était lui. Alors Pierre a sauté à l'eau, je ne sais pas trop pourquoi il a fait ça, mais c'est Pierre. Peut-être qu'il se souvenait qu'il avait couru au tombeau du maître et qu'il n'avait trouvé personne, alors que là il y avait quelqu'un, quelqu'un qui l'attendait, quelqu'un qui l'aimait.

Cette fois-ci, c'était le poisson qui avait été multiplié...

Alors nous avons tous compris que la phrase qu'un jour il avait dite à Pierre et André, à Jean et Jacques: "Vous serez des pêcheurs d'hommes", elle s'accomplissait, et que Pierre serait bien le berger.

Mais nous savions aussi que, même s'il n'était pas visible, il serait avec nous; et la peur nous a enfin quittés. L'absent devenait présent, et nous saurions être ses témoins."

Table des matières

INTRODUCTION. 3

CHAPITRE 1 13

AUTOUR DE LA HONTE ET DE LA CULPABILITE. 13

INTRODUCTION 13

I GÉNÉRALITÉS. 16
    Différents types de honte 16

Premiers regards sur ces deux mots : honte et culpabilité.
....18
        La honte 19
        La culpabilité 21

II HONTE ET CULPABILITÉ DANS LA BIBLE. 23
    Petite recension. 23

Présence de la honte dans le Premier Testament. 25

III RÉFLEXIONS SUR LES NOTIONS DE FAUTE ET DE PÉCHÉ. ..26
    Pas capable est-il synonyme de coupable ? 26

Peut-on ne pas pas pécher ? 28
    En guise d'introduction. 28
    Le péché est-il une maladie? 29
    Le traitement par les trois "médicaments"bibliques. .. 32
        Le jeûne. 32
        La prière 32
        Le partage 33
        L'origine de la maladie: le péché 33
    En guise de conclusion. 35

CHAPITRE 2 38
AUTOUR DES MOTS 38
INTRODUCTION 38
A COMME 39
    A comme Aimer 39
    A comme Annonciations 41
    A comme Apocalypse 42
    A comme Appel 45
    A comme Approcher 47
    A comme Ascension 48
B COMME 49
    B comme Baptême 49
    B comme Bouleversé (ou Troublé) 52
    B comme Buisson 55
C COMME 55
    C comme Chercher 55
    C comme Christ Roi 57
    C comme Choix/Liberté 59
    C comme Colère 62
    C comme Consécration 64
    C comme Consolation 65
    C comme Coupe 69
    C comme Croix 70
    C comme Croix 73
D COMME 76
    D comme Dette 76
    D comme DIEU 77
E COMME 79
    E comme Enlevé 79
    E comme Esprit 81
    E comme Esprit 82

F comme	**84**
F comme Faute	84
F comme Festin	87
F comme Feu	89
F comme Fils	90
J comme	**91**
J comme se Jeter	91
H comme	**93**
H comme Honte	93
Temps un: Gn 2,5-17	95
Temps deux: Gn 2,18-25	96
Temps trois: Gn 3,1-6	97
Temps quatre: Gn 3,7-24	98
Et le créateur ?	100
H comme Honte	101
H comme Humilité	103
I comme	**105**
I comme Incarnation	105
I comme Intendant	106
M comme	**108**
M comme Marie-Madeleine	108
M comme Miséricorde	110
M comme Murmure	117
O comme	**120**
O comme Offrandes	120
O comme Ombre	125
P comme	**127**
P comme Parole	127
P comme Pêcheur/ Pasteur	128
P comme Porte	129
P comme Poutre	131
R comme	**132**

> R comme Retour 132
> R comme Royaume 133

S comme 136
> S comme Saisi 136
> S comme Serviteur 138

R comme 139
> R comme Raison 139
> R comme Raison 141

S comme 143
> S comme Surmoi 143

T comme 144
> T comme Tentations 144

V comme 145
> V comme Vérité 145
> V comme vêtement 147

CHAPITRE 3 151

AUTOUR DES PERSONNAGES 151

Introduction 151

Premier Testament 151
> Caïn et Abel : comment la honte peut-être parfois productive. 151
> Loth : un homme qui semble poursuivi par la poisse 156
> Elie et Elisée 161

NOUVEAU TESTAMENT: MATTHIEU 169
> Joseph 169

NOUVEAU TESTAMENT: LUC 171
> Zacharie 171
> Elisabeth 174
> Pierre raconte la pêche inattendue… 175
> Le Père du Fils Prodigue 178

    Simon et Cléophas, sur la route de Jérusalem à Emmaüs : Luc 24, 32.178

NOUVEAU TESTAMENT: MARC 184
Le lépreux 184
Le Possédé de Capharnaüm 187

NOUVEAU TESTAMENT: JEAN 189
Des histoires de pain et de poissons : 190